ANTROPOLOGÍA MÉDICA
Y SEXUALIDAD HUMANA

ANTROPOLOGÍA MÉDICA Y SEXUALIDAD HUMANA

ROBERTO MENDOZA

Número de Control de la Biblioteca del Congreso de EE. UU.:	2014912925
ISBN:	Tapa Blanda	978-1-4633-8909-3
	Libro Electrónico	978-1-4633-8908-6

Fecha de revisión: 26/07/2014

Para realizar pedidos de este libro, contacte con:
Palibrio LLC
1663 Liberty Drive
Suite 200
Bloomington, IN 47403
Gratis desde EE. UU. al 877.407.5847
Gratis desde México al 01.800.288.2243
Gratis desde España al 900.866.949
Desde otro país al +1.812.671.9757
Fax: 01.812.355.1576
ventas@palibrio.com
485014

ÍNDICE

Dedicatoria

A Carmen, Paloma y Roberto Oriol
Con todo mi amor

Médico, Cirujano y Farmacólogo, con Post-Doctorado, Doctorado y Maestría en Ciencias, obtenidos con mención honorífica, en USA, Francia y México, respectivamente. Actualmente es Vicepresidente y Director Técnico del Tercer Autorizado en Evaluación Sanitaría (TAES)

Comisionado de Autorización sanitaria durante, 2010 a 2012, de la Comisión Federal de Prevención Contra riesgos Sanitarios (COFEPRIS)

"Post-Doctoral Fellow" del Instituto de Investigación de Stanford (USA). "Doctoral Fellow" del Instituto Gustave-Roussy y Universidad Pierre et Marie Curie de París, Francia. Ex becario de Maestría en Ciencias en Farmacología y Doctorado por el IPN y CONACYT. Egresado del curso de Alta Dirección de Empresas (AD1) del IPADE.

Autor de los libros, Antropología médica y sexualidad (en prensa) La espada en la Rosa, el color de la pasión. Amorifilia, Amor sin tiempo, Elogio a la longevidad sana y saludable. Ambos libros publicados en español, inglés y francés por en Palibrio, ABC de los Medicamentos 2008, Su médico de cabecera (IPN), Vademécum de Medicamentos Anti-Infecciosos 1997-2005 (PLM), Antimicrobianos 2002 (IPN), Sexo, Erotismo y Amor, Servicio Médico Social. Asesor científico del Libro Sida Hoy. Coordinador editorial de los libros Manos de Dioses, Amoricida, Principia Médica y Arte y Medicina. Coautor del libro Antropología Médica de la Editorial McGraw Hill/ Interamericana.

Obtuvo Mención Honorable en la elaboración de Ensayo de investigación, por la "California Hispanic-American Medical Association", USA. Galardonado en el 2008 por la "Global Quality Foundation".

Antropología Médica y Sexualidad

Asociación Mexicana para la Actualización y la Divulgación Médica, A.C. (AMADIM)

Academia Iberoamericana de Periodismo Médico y Científico A. C. (ACIPEMEC)

"InterScience Medical Institution" A.C. (eMAIT)

Centro de Especialistas en Obesidad A. C. (CEO)

Dermatocosmia, "Al servicio de tu salud, belleza y juventud" A.C.

Asociación Mexicana de Especialistas en Obesidad (AMEO)

Tercer Autorizado en Evaluación Sanitaria (TAES)

Nanotecnología y Biotecnopharmacia

Sciences for Life

AGRADECIMIENTOS

A Carmen, por su infinita paciencia al haberme tolerado durante más de tres décadas, muy a pesar de todos mis defectos.

A mi Padre, Don Nacho, y Nacho (que en paz descansen) A mí madre ("Donde está una madre, está Dios"...eso me lo dijo hoy) y hermanos biológicos e hijos biológicos y espirituales, por su amor a prueba de todo.

Al Dr. Oriol y al Dr. Casacuberta, con mi veneración.

A Jean Bernard Le Pecq, Bernard Revet, David Zarling.

A mis maestros, piedra angular en mi formación humana

A Jorge Alberto Piñón Gutiérrez por su apoyo en la ilustración de portada

A Palibrio

Por su constante interés en la publicación de ésta obra

SEGUIR, CON LA FRENTE MARCHITA

¡La vida es un mal negocio! me decía mi maestro y amigo exiliado Uruguayo, el Doctor Casacuberta, escuchábamos Jazz tomando mate, en su oficina o con el Dr. Oriol, con quien se enfrascaba en interminables diálogos filosóficos, antropológicos o literarios. El sabor amargo de la infusión que él mismo preparaba, se endulzaba con la excelsa disertación de ambos.

Una vez, tocando el tema de Cortázar, me atreví a pronunciar, muy tímidamente, que no entendía "Rayuela". Muy alto, delgado, y de nariz prominente, ojos muy claros y brillantes, me miró y me dijo, como cuando un pastor encuentra al descarriado, cuya misión se convierte de inmediato en regresarlo a la fe.

Abrió los ojos de manera desmesurada, y preguntó ¿lo leíste?, dije un sí, contundente. Entonces, vos habréis leído "Historia de Cronopios y de Famas" ¡remató!... Sonrió, y de un maletín de cuero desgastado, muy gastado, sacó ese libro. Debéis comenzar a leer a Cortázar por aquí. Seguro que vos lo entenderás.

Todavía lo conservo, ese bello ejemplar, quien me hizo amar a uno de los grandes pensadores de Latinoamérica.

Este se llama "Flor y cronopio": Un cronopio encuentra una flor solitaria en medio de los campos. Primero la va a arrancar, pero piensa que es una crueldad inútil. y se pone de rodillas a su lado y juega alegremente con la flor, a saber: le acaricia los pétalos, la sopla para que baile, zumba como una abeja, huele su perfume, y finalmente se acuesta debajo de la flor y se duerme envuelto en una gran paz.

La flor piensa: "Es como una flor"

Otra y última fábula: "Tortugas y cronopios" y dice:

Ahora pasa que las tortugas son grandes admiradoras de la velocidad, como es natural. Las esperanzas lo saben y no se preocupan. Los famas lo saben, y se burlan. Los cronopios lo saben, y cada vez que encuentran una tortuga, sacan la caja de tizas de colores y sobre la redonda pizarra de la tortuga dibujan una golondrina.

El Dr. Oriol sonrió y dijo, este hombre es un erudito, podéis confiar en él. Me dio una palmada y el Dr. Casacuberta sonrió, con una sonrisa amplia y sincera, llena de cariño por un nuevo discípulo espiritual.

Esa misma tarde lo leí, en el pequeño pasto de la Escuela de Medicina del Politécnico, mi *"alma mater"*, le llamábamos "valle de las pasiones", ya se imaginaran porqué. Por la noche comencé a leer la magnífica anti-novela. Casacuberta y Oriol ya bajaron del tren, hace tiempo. Sólo recuerdo que una vez, en una conferencia sobre Jazz, Casacuberta lloró, no sin antes advertir a la audiencia, que en un momento de su disertación y al escuchar una melodía en particular, lloraría. Así fue, Siempre que escucho Jazz y leo a Cortázar, lo recuerdo, los recuerdo, el maestro Oriol y Casacuberta. ¡Hasta pronto maestros!

¡Que Dios los guarde en las columnas predilectas del lejano oriente!

UN MUNDO RARO:
LO REAL MARAVILLOSO

Memorias de mis putas tristes y Cien años de soledad
(Humilde homenaje al gran al GRAN GABO)

"...Ya me haces falta tú, como el azul al cielo..."

José Alfredo Jiménez (Canta-autor Mexicano)

"...Me gusta deshojar
Los pétalos suaves
De tus labios cósmicos
Penetrarte
Hasta el fondo del vacío
Recrearme en ti
Y así morirme..."

Roberto Mendoza Zepeda

Dedicado a mi hijo, Roberto Oriol, en su cumpleaños 27[h]

Falleció Gabriel García Márquez, su espíritu, estoy seguro, es polvo cósmico. Esperó un bello eclipse lunar para tomar la balsa que llevó su cuerpo mortal al otro lado del río.

Ahí, se encuentra él, vestido de un hermoso traje de lino blanco, bailando una bachata, con alguna colombiana, muy parecida a

Shakira, o seguramente, y espero eso (lo cual es casi imposible) más bella, por fuera y por dentro.

Su gran grupo de estrellas amigas, quienes, dispersas en el universo infinito, reúnen, en una gran fiesta y le cantan "Bienvenido Gabo".

Se encuentran Juan Rulfo, quién lo influenció a refinar su bella literatura que se dio por llamar "De lo real maravilloso". Don Gabo cuenta que cuando leyó "Pedro Páramo", esa maravillosa entelequia, no pudo dormir, seguro eso lo ayudó a perfeccionar algo, de sus bellas líneas que quedaron escritas en mármol inmortal.

Está su gran amigo Julio Cortázar, el erudito escritor quien le regaló un libro policiaco que durante muchos años buscaba y que leyó cuando el Gabo vendía enciclopedias a crédito, nunca vendió nada o casi nada, obviamente su mente pertenecía al cielo infinito.

Por cierto, en esa fiesta, se encontraba el dueño de la editorial, a quién festejaban alegremente. Un hombre con gran elegancia en el vestir y bailar un colombiano, cuya elegancia vestía con sapiencia inaudita los vallenatos, los merengues "apambichados" (pegadito a la pareja) las bachatas y que siempre que veía al gran Gabo, le decía "acuérdate que me debes un libro".

Estará también el autor de "Los renglones torcidos de Dios", Torcuato Luca de Tena, charlando como sólo los hermanos espirituales se comunican, al igual que Carlos Fuentes, hablándole, de cómo ven la política universal o de alguna de las tantas chicas guapas que conocen allá en el cielo, como en la tierra.

Estará Carlos Monsiváis, riéndose con ellos, de su frase de presentación, tan usada en su adolescencia: "Soy Carlos, sé más que tú" o bien, reconociendo su innata y bien ganada arrogancia "Cuando ya no me aguanto más, me duermo".

Ibargüengoitia, quien les prepara los mejores "Martinis" del mundo, justo al juntarse las manecillas del reloj terrestre, a medio día.

También posiblemente, Alfonso Reyes, Octavio Paz, Jorge Luis Borges ("L'enfant terrible"), muchos de sus amigos cineastas y periodistas con quienes también trabajó o admiró, Luis Buñuel, burlándose todavía de la burguesía y mojigatería mundial, que aún prevalece.

MEMORIAS DE MIS PUTAS TRISTES

No hay peor muerte que el olvido
Así como peor traición que la ingratitud

Roberto Mendoza Zepeda

Novela casi autobiográfica de Gabriel García Márquez, inspirada en *"La casa de las bellas durmientes"* (眠れる美女, *Nemureru bijo*) una novela corta del escritor japonés ganador del Premio Nobel Yasunari Kawabata. Cito el comienzo de esta:

"No debía hacer nada de mal gusto, advirtió al anciano Eguchi la mujer de la posada. No debía poner el dedo en la boca de la mujer dormida ni intentar nada parecido."

También, me atrevo a decir, en que en algo influyó Yukio Mishima, cuyo nombre verdadero es Kimitake Hiraoka (平岡公威) Premio Nobel de literatura en 1968, aunque previamente nominado al mismo en tres ocasiones. Después del golpe de estado, denominado "El incidente Mishima", es también recordado por su suicidio ritual, "Seppuku". Su obra inmortal *"Memorias de una máscara"*.

Memorias de mis putas tristes ha sido llevada al cine y discretamente censurada en México, por la escasez de copias y salas permitidas para exhibirse en nuestro país. Nuestra mojigatería e hipocresía ancestral, me lleva a reafirmar lo que mi tutor catalán me decía:

"Con el paso del tiempo, el genio se encuentra a sí mismo. Encuentra su mismidad y revela su verdadera creatividad" ensanchando con ella al mundo. García Márquez seguro sabía que el mismo título de su

magnífica obra, generaría controversia, no le importó. El genio literario ya se había encontrado a sí mismo. Así, Miguel Ángel, Rafael, Picasso, Julio César, muchos otros más…

Cuando el cuerpo de estos geniales sujetos se nos va, nos dejan en un mundo terriblemente mutilado. Pero podemos platicar con ellos cuando queramos, gracias al milagro del libro. Desde Los griegos, pasando por Homero, Sócrates, Aristóteles, Platón, Dante, Jesucristo, Mahoma, Buda, Dalai Lama, es decir, con cualquiera de ellos, cada vez que queramos desenterrarlos:

"No hay peor muerte que la del olvido"

Dice un terrible refrán mexicano. Pero también me hace recordar otro:

"Hierba mala nunca muere y si muere ni falta que hace"

ECLIPSE LUNAR

Entre las hojas pálidas del sueño
Pretendo decirte
Las mil cosas que al recordarte siento
Casi extasiado
En la atmosfera vital de tu sonrisa
Entre miradas tímidas constantes
Bajo tus ojos frescos de caricias
Casi brisa tempranera
De tempestad ansiosa
Bajo tu vientre
Cálido de aromas
Y la hermosura inmensa de tu pelo
Entre tus delicados muslos
Húmedo de amor me he descubierto

Roberto Mendoza Zepeda

En fin, hoy el universo tiene una estrella más. Por eso la luna eclipsó con tanta luz que mi amado Gabriel García Márquez llevó consigo. Así, gracias a los libros, estos seres iluminados, marcaran nuestras vidas y lo seguirán haciendo, por los siglos de los siglos.

Ellos continuarán brillando e iluminando nuestras vidas y las de otros posibles mundos. Ahora lo sé de cierto y no lo supongo, que ellos son parte muy cercana de Dios y viceversa.

Mi querido Gabo, te veo en este instante, pidiéndole a tu paisano colombiano, residente en Cuernavaca, Morelos (México, dónde escribiste "Cien años de Soledad") con el cariño que siempre y confianza que siempre brindaste y muy al estilo Colombiano

"A ver indio pata rajá, tócame otro vallenato"

No he podido evitar el llanto al enterarme de la noticia, un dolor de esos que dicen que vienen del alma, desde mi último infierno, y que más de un día después de tu partida, me hace brotar las primeras lágrimas, mi muy añorado Gabriel García Márquez.

LA ILÍADA Y LA ODISEA

Me gusta deshojar
Los pétalos suaves
De tus labios cósmicos
Penetrarte
Hasta el fondo del vacío
Recrearme en ti
Y así morirme

Roberto Mendoza Zepeda

En su hermoso poema épico y mítico, la Ilíada y la Odisea, primer libro que leí en la antigua iglesia católica, convertida en la hermosa biblioteca de Jiquilpan, Michoacán, "Verazmente iluminada por los murales de Clemente Orozco" y no digo bellamente, porque el Muralista pintaba sus murales con la verdad. La verdad duele.

Regresando al poeta griego, contaba Homero, que Héctor, hijo predilecto del rey troyano Príamo, al ver la impotencia de Paris en su duelo mortal contra Menelao, quitó de esa lucha a su bello y seductor hermano, raptor de la divina Helena (adúltera esposa de Menelao).

No obstante, Aquiles, el "*quasi*" dios griego, terminó la vida de Héctor, negándose furioso a devolver su cuerpo a los troyanos, al padre de Héctor, quien llorando se lo suplicó.

Cuenta Homero, que Paris, como buen arquero, terminó matando a Aquiles, clavándole una flecha envenenada, en el único lugar del cuerpo donde el asesino de su hermano, era mortal, su talón.

Todos los seres humanos tenemos un "Talón de Aquiles" el punto vulnerable que al dañarlo, te mueres. También, la cosificación del ser humano es una suerte de muerte, aquél quien sólo vive para sí, olvidándose de su hermano, de cualquier ser viviente y tan sólo acumula dinero o poder, es tan sólo una cosa más.

Remedios Varo lo ejemplifica muy bien en su bella pintura en la pinta a una mujer sentada en una silla y se convierte en madera. No es necesario que nuestra alma se separe del cuerpo, de la carne. Nuestra alma pudo habernos abandonado hace mucho y no nos sentimos muertos, sin embargo, lo somos.

Aquél que sólo se dedica a acumular dinero, a pesar del sufrimiento humano que pudiese provocar, de la explotación, la miseria que deja alrededor, se convierte en dinero acumulado que corrompe y corrompe a los demás, inexorablemente.

Conocemos a muchos así en el mundo. Mejor ni hablar de ellos. "… *Que al cabo voy a llevarme, Nomás un puño de tierra…*" es lo único que queda, cuando nos llega la hora de convertirnos en polvo. Así reza una popular canción mexicana, la versión de Antonio Aguilar (qpd) es la que más me gusta.

¿Tu Talón de Aquiles, dónde está? Sólo te digo, amado lector, cuando lo reconozcas, serás sabio y por supuesto humildemente humano… Demasiado humano, como diría Nietzsche.

VOLVIENDO A HOMERO

Entraste sin pedir permiso
Como una gota de cristal
Resbalando en mi consciencia
Entraste poco a poco
Abriéndote camino
Con el color de tus pupilas
Con tus manos
Suaves y delgadas
Cuando me di cuenta
Ya estabas aquí
En el centro de mis sueños
En el país de mis recuerdos

Roberto Mendoza Zepeda

El afirma, en su histórico poema, que no existe dolor más profundo ver morir a un hijo. Más aún de la cruel manera que el príncipe Héctor fue asesinado.

Su cuerpo, ya sin alma, mancillado, aún delante de los adoloridos, abatidos y familiares troyanos. Nos olvidamos de su esposa ¿qué culpa tenía ella? La tan bella Andrómaca - el diccionario se queda corto en palabras - para describir su amor por Héctor y su infinita belleza ¿Por qué ella tenía que pagar? con tanta pena, la pasión Helena y Paris.

Existen muchas versiones, donde se incluye el atraco de un tesoro que se llevó consigo la hermosa Helena, tan asediada por dioses y humanos griegos.

Me quedo con Homero. Recordemos que aún no existía Johannes Gutenberg; así las cosas, todo se transmitía de generación en generación a través de los relatos.

Es aquí, donde nosotros, espectadores del teatro griego ¡tan excelso! Nos convertimos en actores, al escoger la mejor versión, según la novela de cada quien.

"Yo soy yo y mi circunstancia" sentencia Ortega y Gasset. Mi maestro Oriol agregaba: "Siempre en conflicto" Así, cada día nos toca a cada quien hacer nuestra propia novela; "Paso a paso, verso a verso" como canta Serrat a Machado.

Pienso que el dinero de más, es moneda de cambio que se pudre. No creo que el hermoso y pasional encuentro, entre la hermosa Helena y Paris estuviese motivado por esto. Perdería todo su maravilloso encanto.

El rey troyano debió sufrir tanto que no lo puedo imaginar, el dolor de ver morir a un hijo, no lo quiero conocer, ni siquiera imaginar, irme primero que mis hijos, sería una bendición de Dios. Por eso espero, que así, el Señor me lo permita.

En verdad os digo, sin ninguna pretensión, que cuándo me llamaban mis amigos para preguntarme ¿Estudiaste para el examen de mañana? ¿Cuál de todos? Anatomía, me respondían angustiados, les decía en forma contundente: ¡No! Leía a Homero, me estremecían su relatos, todavía, me hacen reflexionar en la inigualable literatura griega.

Todavía no había leído a Gabriel García Márquez, cuando comencé, a leerlo, desperté en un mundo mágico. Después les contestaba, estoy leyendo "Cien años de soledad", léelo. Me comprenderás.

Se molestaban conmigo, en particular Carmen. Eres un presumido me decía. Después le regalé el primer libro: "Cien años de Soledad". Se enganchó y no dejo de leer hasta terminarla, casi de un jalón.

Desde entonces, a todos mis seres queridos, se los doy con gusto. Ahora, cada vez más con anotaciones. Me preguntan siempre ¿por qué maltratas así el libro? No es eso, les contesto, cada nota, es un tributo a mi querido amigo, el gran Gabo.

Sólo tú, se podía atrever a comenzar la novela eterna "Cien años de Soledad". Y dice asi:

"Muchos años después, frente al pelotón de fusilamiento, el coronel Aureliano Buendía había de recordar aquella tarde remota en que su padre lo llevó a conocer el hielo..."

Te pusiste a inventar ese raro y mágico mundo de Macondo, las mariposas amarillas y Mauricio Babilonia (tan bien cantado por el cantautor mexicano, Oscar Chávez)...

"Cien años de soledad" me permitió que cada día convierta a la religión literaria a alguien más. Hace ya muchos años, mi hermano Martín me preguntaba ¿qué libro compro? El que tú quieras le decía, ¿pero cuál?, me replicaba, nunca he leído uno. Era muy cuidadoso en su inversión (lo sigue siendo).

No era para menos, para poder comprar un libro teníamos que dejar de comer al menos una vez al día, lo hacíamos en una tienda de libros usados, siempre me han gustado.

Visitaba todos los días a "Don Leoba", se convirtió en mi amigo. Aún y cuando sólo fuese para decirle: guárdeme éste, por favor, no lo vaya a vender.

El como buen comerciante y apretando el tornillo, me miraba a través de sus lentes de fondo de botella, ya muy usados me decía, pegaba su prominente barriga al mostrador para mirarme más cerca y enfatizaba, por un rato joven, porque hay un maestro muy interesado en comprarlo ¡hoy!

Eso significaba ayuno inmediato. Luego me tocaba convencer a mi hermano. A veces me alcanzaba el ahorro de una comida mía y, sin sacrificarlo, ayunaba sólo. Así compramos por primera vez, "Cien años de soledad".

Mi hermano, QBP Martín Mendoza, con razón, me decía, ¿pero otra vez? Si Martín, una comida menos, un libro más en nuestra biblioteca. ¡Pero no nos alcanza! Bueno, le decía, no hay problema, puedo hacer dos ayunos seguidos.

Martín siempre solidario, terminaba diciendo, está bien.

Hoy Martín, mi amado hermano; Pronto aprendió que "el sólo sabe de medicina (o cualquier otra disciplina de la ciencia) ni de medicina sabe".

LOS ORÍGENES

Son tus muslos
Suave seda
Y tu centro es una flor
Eres la lejanía
Del universo inmenso

Roberto Mendoza Zepeda

Era poco que nos mandaba nuestra humilde familia. Mi padre Don Nacho y mi hermano amadísimo, Ignacio Mendoza, quienes ya brillan también en el firmamento. Mi querida madre Lupita y hermanos Porfirio y Panchita. Mis estoicos hermanos menores, Jesús, Luis Guillermo, Alma Rosa y Esmeralda, quienes aguantaron las restricciones económicas, que ese dinero que nos enviaban, cada mes, les apretaba el cinturón, más de lo que de por si estaba. Por eso, a todos ellos, mi agradecimiento eterno.

ANDREAS VESALIUS

Eres una gaviota fugaz
Que se me escapa
La excelsa presencia
De las mañanas quietas
En tus ojos ya se anclaron
Los mil relámpagos solares
Y en tus manos de princesa
Los ríos de terciopelo se fundieron

Roberto Mendoza Zepeda

Después, cuándo Carmen me preguntaba ¿ya estudiaste? Siempre le decía que sí, una y otra vez se molestaba o se angustiaba más, no lo sé.

Me decía muy para mis adentros, a quién chingados le importa, si estudio o no. Yo leo, no memorizo ni estudio, ni repito como perico las descripciones anatómicas, hacía "auxiliares de memoria" y ya. Para no aburrirme leí el libro de anatomía "Testut" en francés, no sabía ese idioma, pero lo entendía ¡ese si era un reto! Hoy es mi segunda lengua y Francia mi segunda Patria.

Era una edición de lujo, Don "Leoba", me lo regaló, ya era mi paciente y amigo. Lo disfrutaba, su sólo olor a libro viejo y usado me hacía respetarlo, ¡jamás lo hubiese ofendido aprenderlo de memoria.

Después con "Cien años de soledad" descubrí la bella literatura de lo real maravilloso y nuestra hermosa Latinoamérica. Leía anatomía y me deleitaba en la literatura. Vivía sólo en un cuarto de azotea, no tenía más que hacer, sino construir mi propio mundo.

Me decía mi adorable maestro, el Dr. Cravioto, no presentes examen, platiquemos sobre Andreas Vesalius.

No maestro, le replicaba, de por sí ya no agrado a muchos de mis compañeros. Por supuesto, eso nunca me importó y sigue sin importarme, salvo la opinión de aquellos quienes amo.

Cayó a mis manos un hermoso libro sobre Andreas Vesalius, eso me hizo respetar la anatomía humana. Vesalius, nació en Bélgica, el del 31 de diciembre de 1514 y vivió hasta el 15 de Octubre de 1564. Epoca sumamente peligrosa para disecar cadáveres humanos. Se le podía acusar de hereje y más. Andreas Vesalius escribió el libro más importante de Anatomía humana: "De humani corporis fabrica".

Por ello, se le considera el fundador de la anatomía humana moderna. Fue Profesor de la Universidad de Padua y se convirtió en el médico imperial de la corte del emperador Carlos V.

EL DNA COMO FÁRMACO Y HERRAMIENTA DIAGNÓSTICA

Hoy te observo encantado
Bajo tus ojos claros
Y la tarde eterna que nos mira

Roberto Mendoza Zepeda

Cada día admiro más más al científico francés, Jacques Monod, por su valor. A Le Pecq, a Paoletti, Cohen, al Instituto Pasteur, a Paris VI, a Gustave Roussy al CNRS, a la "Ligue francais contre le Cancer" al ARC, a mi querido amigo Bernard Revet, a Judith Markovits, a Crick y Watson entre muchos otros.

El me hizo amar al DNA, a la biología molecular. Hoy a la Biotecnología, misma que aprendí, con mucho placer en Stanford con un Fellowship de SRI International, dedicada a la transferencia de tecnología en la Universidad de Stanford, CA, USA.

Por supuesto a David Zarling, quien creyó en mi después de una tímida conferencia que impartí en Jussieu en la Université Paris VI (Pierre et Marie Curie) y la posibilidad de hacer anticuerpos monoclonales contra el "Bent DNA" (DNA curvo) que considerábamos una zona oncogénica.

Al igual que pensaba Alexander Rich, quien descubrió el DNA Z, que gira al revés del resto del genoma humano.

Pensábamos, ingenuamente, que al bloquear esas zonas podríamos curar el cáncer y otras enfermedades autoinmunes. Una vez, en una conferencia sobre la estereodinámica del DNA, Alexander Rich, se espantó con la cantidad de carne que comí.

Alexander Rich cambió su menú y dijo orgullosamente, soy vegetariano, luego volteó a mí y me dijo, ¿sabe que los vegetarianos vivimos más? Le contesté, sin pensarlo, ¿pero quién desprecia un filete como éstos? en realidad me dije muy a mí mismo "*el hambre es canija, pero más el que se la aguante*" no me atreví a traducirle ese famoso refrán mexicano.

Aunque hubiese encontrado las palabras correctas, no lo hubiese entendido. Sólo repliqué, al verlo pálido, ¿pero no necesita comer más proteínas Profesor? Me contestó: sí, es cierto: tomo leche.

Por la noche, durante la clausura, el investigador proveniente de la India, nos arrancó una bella velada diciendo, nada mejor para ejemplificar la estereodinámica del DNA que las bailarinas del mejor "Table Dance" que mejor conozco en Nueva York.

De inmediato salió molesto, junto con su esposa el admirable Alexander Rich. Me dije, con razón descubrió lo torcidos que somos los humanos, por eso llegó hasta al DNA Z.

Todos volteamos y nos dijimos mirándonos estupefactos, "esto ya valió madre". Aparecieron las hermosas bailarinas. Nos dijo muy en su inglés, ellas bailaran con ustedes. Yo estaba a su lado y junto a su bellísima esposa. A ver que nadie respondía, me dijo al oído, baile con mi mujer por favor. De inmediato lo hice y entonces se hizo la fiesta.

Todos los fisicomatemáticos salieron a disfrutar a las hermosas bailarinas. Yo feliz. Cuando la fiesta terminó, se me acercó un inolvidable amigo peruano, profesor de la universidad de Nueva York.

Me dijo, oye nos invitan a seguir la fiesta en la casa de un Profesor de aquí, tenemos que llevar unas cervezas. Fuimos, llegamos con muchos "six packs". Al llegar ya estaba una tina de baño llena de todo tipo de bebidas alcohólicas. Desde Cervezas, mucho vodka, whisky, coñac, entre otros.

Sólo había una mujer, tan desmadrosa como todos los demás científicos. Al mes siguiente, el modelo de molécula que presentó en el congreso se publicó en la prestigiosa revista "Science". Ella arrancó los superconductores libres de inmunogenicidad.

Gracias a ella, podemos hoy contar con marcapasos pequeños, que no generan rechazo, también a hacer sondas intravasculares y muchas otras cosas más como la nanotecnología, la nanofarmacia y otras aplicaciones que tienen utilidad en la física, que no entiendo todavía, pero que sí sé que se aplican a la producción la telefonía celular, por ejemplo.

Así, ¡que a desmitificar! y mejor hacer algo de utilidad a la humanidad y a encontrarse a sí mismos, valiéndole madre a uno todo.

Recuerdo que en algún momento García Márquez comenta, en alguno de tus libros. Llegó tu madre a visitarte y lloró al verte recogiendo del suelo el resto de un cigarro inacabado. Traías unas sandalias muy gastadas y una camisa muy maltratada, como el resto de tu ropa y de tu apariencia.

Te reclamó: tu padre te mandó acá para ser un profesionista. Tomó el tren y te llevó con tu padrino, quien era médico, al que al parecer le tenías respeto, cariño y temor.

Ella le explicó, esperando te regañase ¡míralo cómo está! para que te reprendiera, continuó, dice que quiere ser escritor y ya abandonó la carrera. El abriendo los ojos, dijo tan solo ¿es verdad? Contestase un rotundo ¡Sí! Qué bueno dijo, yo también quería serlo, déjelo comadre.

Tú ya eras periodista. Así es la vida. Muy prematuramente ya te habías encontrado a tí mismo.

Sé bien, que si todavía, yo vivo, después de muchos accidentes mortales, sé que porque algún día, con mis amigos científicos mexicanos, de clase mundial. Juntos, encontraremos remedios o estrategias para enfermedades que hoy se consideran incurables.

Tal vez para que sufran menos o por lo menos consolarles. No descansaré hasta subir al senado, nuevas políticas de salud, así me cueste la vida, ¡que para morir nacimos!

MI FAMILIA

Me gusta mirarte mucho
Deleitarme
Bajo tu mirada cálida
Navegar
Por la exacta densidad
De tus labios rosas
Besarte en la boca
Y sentir tu lengua
Bajo el amparo de la mía
Suspirar en tus mejillas
Y descender al cuello exótico
Rico de aromas
Recorrer tu piel con mis labios
Saciarme de ti
De tus manos
Ver de cerca
Tu inmortalidad insólita
Detenerme en tu ombligo
Y mirarlo siempre
Como se mira a las estrellas
Descender aún más
Y enredarme
En el musgo erótico
Suave seda
Hilos mágicos
Lianas de amor
Que conducen al cielo
Olerte ahí
En tu intimidad
Abrir tu grieta cósmica

Penetrar en ella
Y descubrir
En el fondo de tu mundo
El corredizo húmedo
De tus pliegues sabios
Volar con el brillo estelar
De tus ojos hipnóticos
Detenerme en tus muslos,
Atraparlos
Como se atrapan las gacelas
Ligeras como niñas
Descender a tus rodillas
De redondez absoluta
Impactante
Circunferencia universal
Que me atrae
Como la nube al agua
Disolverme en ti
Y formar parte
De tu voz de ríos
De tu piel nostálgica y angelical
(No santa)
Huracán que asalta mis deseos
Y los alcanza
En el amanecer vital
De mi orgasmo inminente

Roberto Mendoza Zepeda

Nací en un techo mojado por las gotas de lluvia, imposible de detenerlas, sólo con cubetas para el agua, mientras la uña filosa de la parturienta del pueblo, mis tías Josefa y Felipa, gritaban a mi madre, pújale mujer, ya falta poco, ¡pújale cabrona! Le decía mi padre en su nebulosa etílica, se ve que tiene mucho pelo.

Muchos años después en Redwood City, CA, USA le dije a Carmen, creo que es una niña, tiene mucho pelo, al tocar, a través de su cuello uterino, a mi adorable hija y hoy cineasta, Paloma Mendoza Zepeda, quién nació en USA. Más mexicana que los nopales y tan bella e inteligente que la flor que los protege.

Le dije, espera, apenas tenemos 6 de dilatación (del cuellos uterino), estoy seguro que es niña, le reafirme. Su tacto al pelo todavía lo recuerdo ¡Que hermoso!

Cuando tuvo ocho de dilatación del cuello uterino, la llevé al Hospital, Sabía de la inexperiencia de los profesionales de salud que atienden partos en USA, sobre todo a la población latina.

Hacía un "Stanford Postdoctoral Fellowship" así que entre como si fuese en mi casa al "Kaiser Hospital" y les pedí atender el parto personalmente. No me dejaron. Pero estuve al tanto y asesorando a la enfermera asignada. Le pusieron un monitor porque le detecté sufrimiento fetal: luego entonces, comencé a dictar órdenes ¡Mi hija tenía que vivir!

"La vida no vale nada" decía José Alfredo Jiménez. Para mí, la vida de mis seres queridos, lo es todo. Así el de mi pequeña niña Paloma, cuyo nombre eligió su hermano Roberto Oriol.

Ella siempre lo reclama, ¿Por qué dejaron a él elegir mi nombre? La reconforto al decirle, lo influenció Picasso, quien tuvo una hija con el mismo nombre. Su nombre representa la Paz mundial.

CIEN AÑOS DE SOLEDAD: AL BUEN ENTENDEDOR, POCAS PALABRAS

Sin ti
El poeta
Ancestral
Y adivino
Es una hormiga
Que ya no puede
Con el peso del mundo

Roberto Mendoza Zepeda

El impacto que esta novela cambió mi vida, ha sido enorme. Me ayudó a escribir, a conocer a gente muy valiosa como el Dr. Antonio Oriol i Anguera. Al comentar el libro con él, me solicitó muy solemne, como buen Catalán, escribe en ésta página en blanco lo que tú quieras.

Así, escribí un pequeño cuento corto, todavía lo conservo. Ya había aprendido algo de ti Gabo.

Desde entonces comenzó el Dr. Oriol, su excelsa tutoría y querencia mutua. Me comenzó a darme libros a revisar y traducir y con eso a ganar algo de dinero, después me encargó traducir y actualizar el "Diccionario Médico Biológico Universitario", nos pagaban en dólares, con lo que ahorré, pude casarme con mi Carmen.

Le pregunté, todavía siendo novios, le pregunté: con esto nos alcanza para pagar un departamento, ¿qué prefieres, compramos un departamento nos vamos de viaje de luna de miel? Sin vacilar me dijo ¡viajar! todavía le fascina hacerlo.

Nos fuimos a conocer la Ex Unión Soviética, desde Moscú hasta "la ruta de la seda", Samarkanda, Tashkent, Yalta, y muchas otras Repúblicas Rusas de ese tiempo. Nunca he tenido miedo al futuro, regresamos sin un peso en la bolsa, pero con una riqueza espiritual tremenda.

El Dr. Oriol y el Dr. Yáñez, mis padres espirituales fueron a recoger nuestros respectivos certificados de médicos, ante la mirada atónita de nuestros excompañeros. Así eran ellos, los Profesores Oriol y Yáñez. Nuestros ángeles custodios. Por supuesto, no salimos en la foto generacional.

Siempre he odiado los tumultos y las filas. Lo siento por Carmen, ella es muy sociable. Incluso le pedí que no hiciésemos el examen de graduación sino que lográramos nuestro título a través de tesis de medicina, con sinodales de primera, a la antigua usanza.

No quería hacerlo como borrego, con un examen colectivo. Hoy día, es una pena, lo más rápido y fácil es la moda.

Lamento no haber invitado a nuestros respectivos padres biológicos, ambos obtuvimos mención honorífica. ¿Sus padres dónde están? ¿Su familia? Nos preguntaron a Carmen y a mí, a la par de unas entusiastas felicitaciones. Ocurrió en el auditorio de Postgrado de mi querida Escuela Superior de Medicina del Instituto Politécnico Nacional (IPN), asistimos solos, ella, yo y nuestros sinodales.

Así, Oriol, de la mano del Dr. Agustín Yáñez, el Dr. Alberto Folch i Pi, quienes me hicieron amar la Farmacología, me permitieron también conocer de cerca, al mejor bioquímico del país de ese entonces, el Dr. Guillermo Carbajal y con él a muchos otros investigadores geniales de la época.

Ellos fueron quienes me empujaron a publicar por primera vez algo sobre química orgánica, en la recién resucitada revista, *"Acta médica"* del Instituto Politécnico Nacional, después escribí e impartí clases sobre Química Orgánica, Filosofía de la Ciencia y Antropología Médica y Farmacología. Todo parece tan disparejo, pero tan sólo digo a mis muchos preguntones ¿Por qué tan disperso Roberto? Todos venimos del divino átomo universal, el que nos da vida y energía.

Uno de los ensayos que escribí sobre *"El azar y la necesidad"* de Jacques Monod, me valió sirvió, para que uno de los farmacólogos más brillantes de Francia, el Profesor Jean Bernard Le Pecq me aceptará como estudiante de Doctorado en su laboratorio.

Un verdadero santuario dedicado al diseño, síntesis e investigación sobre medicamentos contra el cáncer.

AZAR Y NECESIDAD

Donde estas tu
Está todo
Y algo más
Hay densos labios
Presos de suspiros
El cadenciosos vibrar
De tus caderas
Suaves y felices
Esta el botón de rosa
De tu paisaje límpido
Tu lengua ardiente
Resbalando por mis labios
Y la insólita proposición
De tu hendidura húmeda
Roja y rosa
Bañada por la selva
Espesa y concreta
Triángulo mágico
De vértices preciosos
Esta el lenguaje indescifrable
De tu piel desnuda
Y el lirio claro
De tus cabellos
Lánguidos de sol
Esta mi lengua voraz
Que no se cansa
De visitar los pliegues íntimos
De tu silueta esbelta
Esta el rayo de luz
Que se filtra por la ventana

Para acariciarte toda
Y recorrer tu figura
Hasta la aurora de tu cuerpo
Fundido al mío

Roberto Mendoza Zepeda

François Jacob, Jacques Monod y André Lwoff fueron galardonados con el premio Nobel de Medicina y Fisiología en 1965 por sus descubrimientos sobre el control genético enzimático y síntesis viral.

También, en conjunto con sus colegas, demostró la existencia del el RNA mensajero. Cinco años después, Monod exhortó a los hombres de ciencia de asumir su disciplina insertada en la cultura moderna para enriquecerla con ideas humanamente significativas.

Remataba afirmando que la misma ingenuidad de una mirada virgen, siendo la de la ciencia siempre así, podían alumbrar con una nueva luz, viejos problemas.

Es decir, romper paradigmas y no perderse en nebulosas filosóficas.

Su controversial discurso nace cuando, con mucho valor, y asumiendo él sólo la responsabilidad de su conclusión, afirma la imprudencia del empleo de la palabra filosofía.

Es obvio que levantó polémica a nivel mundial. No obstante, coincido con el célebre Jacques Monod "menos discursos y más hechos" útiles para la humanidad.

El día que me aceptó el Dr. Le Pecq, junto con el Dr. Cohen, había unas horas antes, renunciado a otro prestigiado laboratorio de investigación francés, no sin antes consultarlo con mi amada esposa, la Dra. Carmen Zepeda Alcántara, y con orgullo lo digo, quien me apoyó siempre y es una de las más brillantes dermatólogas de México.

Soy un "mandilón", me dijo Marleby, con una leve aseveración de unos de mis mejores alumnos y colegas mexicanos, pionero en nanofarmacia y otros de los que me siento profundamente orgulloso, los Doctores Horacio Astudillo y Raúl Meixueiro

Marleby es una querida amiga experta en biotecnología de origen cubano y pionera en la investigación y desarrollo de productos biotecnológicos en Latinoamérica y el mundo.

TIRARSE AL ABISMO, SIN PARACAÍDAS

Eres la niña azul
Los caireles caen desde tu pelo
Me gustaría verte dormir
Entre mis brazos
Cuidar tu sueño
Y penetrar en el
Llegar al fondo de tu alma
Y ahí juntos
Descifrar en el amor
Nuestro misterio

Roberto Mendoza Zepeda

La experiencia de dejar un laboratorio francés por otro de mayor prestigio y alcance es una de las tantas veces que lo he hecho.

No sé si el destino me reserva otras faenas, muchos otros retos por resolver, porque muchas veces, la vida me ha hecho tocar fondo y rehacerme desde las cenizas, como el Ave Fénix.

Hoy tengo la certeza que sí tengo otros nuevos retos que vencer. Algún día platicaremos de eso.

¿Qué tendría que ver todo esto con Cien años de soledad?

Cien años de soledad, me hizo perder el miedo a todo, a darle más importancia al fondo que a la forma, a restarle importancia a la gramática, a saber que la prosa y la poesía van de la mano y cantan las palabras.

A escribir, a expresar mis ideas y asumirlas, sin miedo a la crítica, publicarlas. Así sea sobre sexo, erotismo, amor. Sobre el deseo incestuoso de una tía del por su sobrino, y al revés. Sobre el complejo de Edipo, tan Freudiano. Incluso, disertar sobre el padre del psicoanálisis.

También me he atrevido a escribir sobre la bioquímica del amor. Aunque bien sabemos que el amor no tiene explicación, la pasión amorosa sí, se puede visualizar mejor desde la biología molecular.

Como diría Borges, en poéticas palabras:

"El amor es lo único que puede detener el tiempo, en el momento mismo en que dos almas cruzan la mirada y quedan prendidos para siempre".

Recién le comenté a mi amigo entrañable y brillante exalumno el Dr. Horacio Astudillo. Ante su insistente pregunta: ¿Por qué el *Homo sapiens* (bípedo, desnudo y locuaz, como lo describía el Dr. Oriol) pudo vencer al hombre de Neandertal, siendo tan superior al *sapiens* y desaparecerlo del mapa?

Le contestó, en parte bromeando y un poco para tranquilizarlo, creo que el Neandertal se enamoró de una bella *sapiens,* y ésta, en su primer beso, de amor apasionado, estoy seguro, le transmitió un virus mortal. Así, de fácil.

Otra vez el amor, ¡Ni modo! Él tan sólo me miró y terminamos la conversación a carcajadas.

Aprendí, gracias a García Márquez, a desacralizar los mitos. También a descubrir la sensualidad, la seducción, a tocar en prosa y descubrir el perfume que dejan las palabras. Me ayudó a entender el hedonismo.

Me fue descubriendo poco a poco un mundo en que lo más trivial, lo más real, por crudo que sea, puede convertirse en maravilloso.

Aquí llego a un punto donde recuerdo la feliz anécdota histórica de la reunión de dos de los más célebres libertadores de América, cuyo sueño fue unir a éste hermoso continente en uno sólo, desde tierra del fuego hasta Rio grande; es decir, desde México a Argentina.

Simón Bolívar, quien siendo un "Dandy" en París, regresó y junto con José de San Martín y Matorras se dieron un abrazo, un feliz día y en un bello lugar, y se otorgaron mutuamente un regalo significativo, Simón Bolívar le dio un caballo blanco y José de San Martin y Matorras le entregó una espada que tenía la inscripción: "Serás lo que debes ser o sino no serás nada".

Así García Márquez fue lo que tuvo que ser. Él mismo, sin tener que darle gusto a nadie. Así pasa con los genios. Miguel Ángel se "Miguelangueliza". Rafael, se "Rafareliza". Cortazar se "Cortaiza" Y cada quién se realiza según su novela de cada día. El Dr. Freud se "Freudiza". Cada quien escribe un renglón de su vida, aunque esté torcido cada segundo.

Por eso: en "Historia de mis putas tristes", tú te "Gabrielizas", te realizas, valiéndote madre todo. Ojalá, que a estas alturas, este otro excelso premio Nobel Latinoamericano, de origen peruano, Vargas Llosa, examigo tuyo, te haya perdonado ya. Estoy seguro, ya aunque duela, su mujer nunca debió decirle nada. Ya sabía cómo eras y tu tremenda afición por las mujeres. No es bueno jugar con fuego.

Tú sabes bien porqué. Mis felicitaciones a mi más admirado periodista mexicano, Julio Scherer, por haber publicado la noticia.
A él le pediste, no la publicara, por lo vergonzoso que era, y aún más por el motivo de la reacción del otro brillantísimo escritor Latinoamericano,

Scherer te contestó, tú, como periodista ¿Qué harías? Y con tu valentía inmensa le contestaste, sin titubear, la publicaría.

Ya se abrazarán algún día en el más allá, con Vargas Llosa. El perdón existe, aunque mucha gente cree que no. Eso sí lo sé de cierto. No lo supongo.

Sólo un favor más, Don Gabriel, cuando bailes vallenato desde el infinito inmenso, no le metas tan fuerte al asunto y cuida de no mandarnos otro temblorcito como el susto que nos diste con tu paso a la historia de la buena literatura. Retumbó en México con grado mayor de siete. No importa, síguelo bailando, como sólo tú sabes ¡Que siga la fiesta hermano!

Que venga otro vallenato, bachata o lo que sea. Venga otra, indio pata rajá...

INFIDELIDAD Y CELOS

**Dedicado a mi querida hija Paloma
Mendoza en su cumpleaños 23th**

Entre los cantares del *Romancero español* encontramos esta descripción
más documental que poética:

*Llegó el día del marchar
Porque así lo quiso Dios
Le di un beso y un "adiós"
Y me marche sin mirar.*

*Porque si otra vez la miro
No me marcho de su lado
Hasta que no hubiera dado
Ante mí el postrer suspiro.*

*Salí, la puerta cerré
Y con la mirada incierta
Volviendo a mirar la puerta
Lleno de pena, lloré.*

*Allí dentro me dejaba
Mis ilusiones, mi vida
Mi felicidad, querida.*

La que mi existencia endulzó
Diez años con su presencia
Y al marcharme mi existencia
Allí dentro se quedó.

Un año estuve sin verla
Pero dejar de quererla
Esto no lo hice jamás.

Mi amor estaba dormido
Pero no muerto señor juez,
Un día la vi otra vez
Y este día me ha perdido.

Iban muy juntos, los vi
Y sentí en el corazón
Rabia, locura, pasión
Algo que nunca sentí.

Y caminado buen trecho
Yo detrás, ellos delante
Ella iba con su amante
Yo solo con mi despecho.

Cómo ocurrió no lo sé
En vano he de recordar
Sólo sé que vi brillar
El cuchillo que saqué.

Y que aquel hombre deshecho
Junto a mis pies caía
Mi suerte así lo quería
Más lo maté pecho a pecho.

A ella quise perdonarla
Ya me iba señor juez,
Lo mismo la otra vez
De su lado y sin mirarla.

Más oí un grito maldito
De su garganta escaparse
Grito que vino a clavarse
En mi alma. Maldito grito.

Con aquel grito expresaba
La mujer tal sentimiento
Que lanzando un juramento
La miré, vi que lloraba.

Llorar por el que moría
Maldiciéndome quizás
Nadie ha sufrido jamás
Lo que yo sufrí ese día.

Con razón o sin razón
Supe hallarle el corazón
Con la punta del puñal.

Lo que paso después.... No lo sé
¿Fui una bestia, un criminal?
Qué más da... la maté.

Porque una ingrata no puede inspirar clemencia,
Firme Usía mi sentencia
Justo es el que muera el que mató

Los celos se generan por inseguridad sexual, pero también los hay de poder, y ostentación. Sin embargo los celos más afectados, según Freud, son los sexuales. Aquellos que se presentan en la pareja que coquetea con la infidelidad.

Son los celos de la literatura clásica; la que nos da cuenta de Otelo y de Werther, uno y otro "victimarios" o "victimados" por la espada filosa del hombre "celoso". Homicidio o suicidio, el resultado es el mismo.

Este modelo de hombre celoso, característico de la época pre-Freudiana, era una figura mítica que se mantenía intocable y agresiva. Desde el tiempo del milagro griego era considerado como un elemento indispensable de la tragedia. Y desde el juramento de Medea se repartía sucesivamente el drama del homicidio originado por los celos.

Después de la "apertura" psicoanalítica se les devalúa e incluso se llega a denigrar al hombre celoso hasta el punto de catalogarlo como una persona de mentalidad débil.

Pronto se estableció la tesis de que el celoso asentaba sobre la duda, sobre la desconfianza. Según esto el celoso viviría instalado sobre la inseguridad de sí mismo, y a partir de entonces los valores humanos se invirtieron. El protagonista de los celos no duda del otro "otro", sino de "sí mismo".

Como consecuencia, la superación de este fenómeno emotivo, sería simple cuestión de cultura. Bastaría con "civilizarse" y desaparecerían los celos como por arte de encantamiento.

Así, el celoso era considerado como un hombre primitivo y cavernario que la civilización "borra" del mapa inexorablemente. Esto mancilló el concepto tradicional de familia hasta llegar a establecer la comunidad de los "swinger" en donde las parejas "civilizadas" se juntan para usufructuar los beneficios de un intercambio de hombre y mujeres al azar.

Los libros de Peter Van Sommers, Bertrand Russell, León Tolstoi, Jean Paul Sartre y Simone de Beauvoir, nos dan razón y cuenta de los celos. Que cada quien medite y haga su propia opinión.

Casi podríamos asegurar que no hay nadie en la faz de la tierra que desconozca los celos, por tenue que pueda ser. También es verdad que este color tiene matices muy personales, lo que determina, que en cierta medida, no haya teoría que valga para todos los casos. De cualquier manera, el mecanismo de los celos es inefable e intransferible. Por lo mismo, cada quien siente el arañazo a su modo. Pero sea como fuere, los celos son como la mala hierba, muy difíciles de arrancar. Además, no se pueden rehuir, ni se pueden convocar, porque vienen del alma.

BERTRAND RUSSELL Y LADY OTTOLINE MORELL

En 1929 Bertrand Russell escribió en *Matrimonio y moral*: "No hay duda que los celos mutuos (aun cuando no haya infidelidad sexual) generan grandes infortunios en el matrimonio".

Es bien sabido que Russell fue enérgico en todo cuanto hacía, apasionado y a menudo brutal, lúcido en sus publicaciones. En sus escritos íntimos, honesto y sin reservas.

Era un idealista en cuanto al amor, la sexualidad y la libertad, pero había contradicciones entre sus opiniones y su conducta diaria.
Con frecuencia decía: "Es decir mejor un idealista incoherente que un cínico coherente."

Así, cuando Russell inicio su prolongada relación con Ottoline le pidió que no permitiera a su marido acostarse con ella ¡celoso!
Por su parte Russell se deshizo del modo más brutal y deliberado de su esposa Alys, según lo documenta detalladamente en sus diarios y en varios centenares de cartas que escribió. La relación entre Russell y Ottoline Morrell fue compleja, prologada y especialmente

apasionada. Otro de los amigos de Ottoline Morrell que Russell no toleraba era Lyton Strachey.

Merece comentario especial el que Bertrand Russell tuviera celos de Lyton que era homosexual "convicto y confeso". Por lo tanto sus celos no eran precisamente, sexuales. Eran de intimidad. En realidad no había competencia sexual posible, pero los celos surgieron igualmente por las relaciones de intimidad que había entre Ottoline y Lyton. El hecho es que Russell le dolía que su amada Ottoline disfrutara de la cercanía de otro.

La preocupación de Russell sugía porque no soportaba la felicidad de Ottoline a lado de Lyton. En una palabra Russell sufría de celos cuando sentía que ella no era sólo "suya". Íntegramente suya. La consideraba de su propiedad. Tan así que una vez oyó a alguien que refería que Ottoline y su esposo eran una "pareja de amantes" que se abrazaban y se dirigían palabras de afecto, esto le produjo un verdadero ataque de celos.

En realidad a Russell lo atormentaron los celos durante once años, y a pesar de todos sus esfuerzos, fue poco lo que Ottoline pudo hacer para apaciguarlos.

Bertrand Russell era un amante intenso, insistente y consecuente, y estos momentos de celos por la sexualidad, la intimidad y el compromiso ocupaban sólo una parte del torrente de palabras y sentimientos entre los dos.

Más tarde reconoció lo insensato que había sido al pretender que Ottoline rechazara al marido en los primeros tiempos de su pasión. Nunca negó la realidad de sus celos en sus escritos, pero dadas sus propias experiencias y el aprendizaje que de ella obtuvo, con el paso del tiempo tendió a disminuir sus celos. Empezaban en el terreno sexual y se manifestaban en la intimidad y compromiso. Era posesivo y exclusivista, características esenciales del celoso.

Y sin embargo, esto no tiene nada que ver que Bertrand Russell fuese un hombre primitivo, troglodita o cavernario. Esto es, los celos, al igual que la neurosis, poco tienen de relación con la cultura, la inteligencia, el estatus social o económico de las personas. Russell, se casó cuatro veces: a los 22 años con Alys, a los 49 con Dora, a los 62 con Patricia y a los 78 con Edith.

A los 38 se enamoró de Ottoline, y durante más de una década sufrió la inclemencia de uno de los celos que, vistos desde un punto de vista poco analítico, pudieran parecer "primitivos" e "inexplicables", sobre todo tratándose de un hombre "civilizado", primerísimo matemático de su generación y Premio Nobel de Literatura ¡Nada Menos! ...

LEÓN TOLSTOI Y SONIA

Irracionales, si los celos son
Una prueba más de que el amor es insaciable
Y todo lo exige, en forma muy egoísta

Roberto Mendoza Zepeda

El caso del conde Tolstoi es otro de gran relevancia para ejemplificar el fenómeno de los celos. Sin embargo, para intentar comprender en parte su comportamiento, conviene conocer algunos aspectos de su vida. Abramos pues un pequeño paréntesis para aclarar cómo frigidez, sexo y amor participan en la génesis de los celos.

Tolstoi vivió toda su vida bordeando la neurosis. Esta se fraguó por complejo de culpa que nunca le abandonó: sufría de ansiedad, depresión y ¡hasta de gonorrea! En su vida hay dos etapas radicalmente distintas. La primera transcurre en la opulencia, la segunda en la indigencia. Veamos: nació rico y aristócrata: ¡Conde de Tolstoi! Murió pobre y solitario.

Su juventud fue silenciosa y apasionada. Conoció todos los vicios, tuvo idilios amorosos, aventuras violentas, deudas de juego y enfermedades venéreas. Su madre, la princesa M. Volkonski, le heredo una señorial residencia, Yasnaia Poliana, con 800 esclavos a su servicio.

Ingreso a la Universidad de Kazan, y después de los dos años abandono los estudios. Sin embargo, un "gusanillo" que anidaba en lo más profundo de su conciencia nunca le dejó en paz. Hacia propósitos de enmienda todos los días, pero los quebrantaba al día siguiente. Para poner remedio a sus debilidades, a los 23 años decidió hacerse voluntario del ejército del Cáucaso, aun así su vida no cambio en nada. Otra vez le vencieron sus tres pasiones: juego, mujeres y vanidad. Vivió siempre inmerso en la angustia y la ansiedad, alternadas con depresión y melancolía.

Así, Tolstoi nació rico y quiso morir en la indigencia. Regalo sus bienes a los pobres y vestía como el más humilde de los mujiks.

Tolstoi nació "pecador" y murió como un perfecto "puritano". ¡Un asceta! Tolstoi nació "licencioso "y murió en la "austeridad". Un cambio radical, casi milagroso. Sonia, en cambio fue una mujer frígida, religiosa y amante de la música. Tolstoi le pedía sexo, más sexo, y ella reclamaba amor, más amor

Nuestro héroe tenía 33 años cuando conoció a Sonia Bers, hermosa mujer, hija de un médico y bien dispuesta a colaborar en su vida literaria, pero no en su carnal voracidad.

Durante 16 años procrearon trece hijos. Sonia, mujer frígida al fin, respondía a tenor de los deseos sexuales de Tolstoi y por tal divergencia surgieron problemas cada vez más fuertes, trenzados de celos recíprocos, injustificados por ambas partes.

Tras el cambio radical operado en su vida, el "gusanillo" de la conciencia ganó la partida y el conde de Tolstoi se transformó en el autor de *Guerra y Paz, Ana Karenina, La sonata a Kreutzer, Resurrección*... en una palabra, bien puede decirse que "de las cenizas de aquel libertino corrupto, surgió el autor de la mejor literatura universal".

Al parecer los celos de Tolstoi fueron provocados por la simpatía platónica que su esposa sentía hacia el famoso pianista y compositor Taneyev. Lo extraordinario de esto es que, previamente, el conde había escrito en *La sonata a Kreutzer,* un relato clásico sobre los celos. En esta "sonata", Tolstoi describe los celos que tiene un hombre de su esposa, cuya relación con un pianista termina en asesinato.

Es importante hacer notar que Tolstoi empezó su matrimonio con un breve periodo de afecto y pasión sexual, la que poco tiempo después terminara en un franco rechazo hacia su esposa. Al paso de los años su pasión, como por "arte de magia", volvió a surgir, de tal manera que en la época de Taneyev las exigencias sexuales para su mujer eran más, muchas más de las que ella estaba dispuesta a satisfacer.

Durante esta etapa Tolstoi hablaba continuamente de dejarla, y cuando finalmente lo hace, su decisión es tan irrevocable que muriéndose en una estación de ferrocarril se niega a ver a Sonia por última vez.

Esto contrasta con el hecho de que la primera vez que ella se encontró frente a Taneyev e ingenuamente comenta a su marido que le parecía un hombre simpático y atractivo, Tolstoi se puso celoso y a partir de entonces el conde se refería en estos términos: "Todo lo que tengo ahora es esta loca pasión celosa que me arranca todo afecto real del corazón".

Sonia, a su vez, tenía sus propios conflictos respecto de los celos. Creía que Tolstoi le era infiel con una editora, llegando a la conclusión de que le decisión de publicar libros reiteradamente, así como sus repetidas amenazas de abandono del hogar eran resultado de la relación que llevaba con la mujer a la que mencionaba como: "esa judía intrigante".

En esta época Sonia escribió "perdí todo autocontrol (...) Me lancé a la calle. El corría tras de mí (...) Yo tenía solo una idea en la cabeza: morir de un modo u otro. Recuerdo que lloraba y gritaba: "llévenme a la policía o al manicomio".

Ninguno de los dos estaba adecuadamente vestido para esa fría noche de febrero en Rusia, y Tolstoi, de 57 años, luchaba por levantar a su mujer de la nieve y llevarla a la casa. Al día siguiente el conflicto se reprodujo, y una vez más "los sentimientos de celos e irritación (...) estallaron con terrible violencia"; una vez más Sonia abandonó la casa, con la idea de suicidarse.

"Me gusta la idea de morir frío, como vassili Andreich en la historia que iba a ser la causa de mi muerte. No lamentaba nada. Había jugado toda mi vida a una sola carta: el amor a mi marido, y ahora el juego estaba perdido."

Difícilmente la situación podía ser más asimétrica: el amor de él se limitaba a escenas de sexo que despertaban su pasión pero contra las que ella se revelaba. Para ella su verdadero deseo era alcanzar intimidad y calor de comunicación. Sentía una increíble admiración al genio.

Casi inmediatamente después de los dos intentos de suicidio escribió: "Estoy ocupada corrigiendo las pruebas de su libro y con alegría en el corazón tomo conciencia de la grandeza de su obra literaria. A cada momento los ojos se me llenan de lágrimas de felicidad."

Así que de un lado y de otro, él y ella, habían tenido reacciones violentas de tipo similar, celos sexuales, que ninguno de los dos casos tenías fundamento real.

Claro que las reacciones concretas eran diferentes: el hombre atacaba con reproches injustos y soeces, mientras que la mujer respondía con desesperación, huida e intentos de suicidio.
Ambos celosos de algo, y de alguien que sólo en sus cabezas existía...

SIMONE DE BEAUVOIR Y JEAN PAUL SARTRE

Las libélulas violetas
Se deslizan por tu cuerpo
Y en su giro tan gracioso
Me dibujan tu recuerdo
Cuídalas
Ya se van
A la sombra de tu pelo

Roberto Mendoza Zepeda

Simone de Beauvoir y Jean Paul Sartre establecieron un pacto de libertad sexual "sin límites". De Beauvoir describe cómo Sartre se lo propuso. "Me explicó la cuestión con su terminología favorita. Lo nuestro, dijo, es un amor esencial; pero sería una buena idea experimentar amores contingentes." "Éramos de la misma especie, y nuestra relación sería tan duradera como nosotros mismos, pero a decir verdad nuestra conducta no compensó nunca la riqueza fugaz que dan los encuentros con diferentes personas."

La "contraseña" fue el verso de un poema de Ernest Vowson que decía: "Te fui infiel, a mi modo." Ni el pacto, ni la contraseña, protegieron a De Beauvoir de los celos. Sartre tomó la iniciativa. Fue él quien sugirió un lapso de dos años de intimidad compartida, seguido de dos años de vida por separado, del otro lado del mar, para reunirse después, en Grecia.

El pacto entre Sartre y Simone de Beauvoir propone una serie de relaciones paralelas simultáneas y sucesivas. De Beauvoir resolvió el problema de los celos en su primera novela *La invitada*. En ella trataba de los problemas de celos y su resolución. Los dos personajes principales, Pierre y Francoise, representan a Sartre y De Beauvoir. Es una novela autobiográfica, en donde se hacen transferencias de sus celos e imágenes de ficción.

En 1945 Sartre fue a Nueva York solo. Fue presentado a Dolores y Sartre decidió prolongar con ella su romance. Le preguntaron a Simone de Beauvoir si ella se quedaría más tiempo en Estados Unidos y dijo que sí. En ese momento De Beauvoir inicio su relación con un escritor de Chicago llamado Nelson Algren.

Ni Dolores ni Algren querían terminar sus relaciones, y reflexionando sobre esto Simone de Beauvoir señala que un pacto de ese tipo no es sólo un acuerdo entre dos personas (que limita en cierta medida su libertad sexual), sino una usurpación de la libertad de la gente con quien esa pareja entable relaciones. Digamos los terceros.

Esas personas siguen siendo en cierto sentido los "comprometidos".
A pesar de lo que Sartre le había dicho a Dolores, ella no estaba dispuesta a creer que él fuera a concluir su relación. Cuando De Beauvoir llegó finalmente a París, Dolores todavía estaba allí, según se desprende de las palabras de Madsen; "Sartre practicó una diplomacia oscilante", pero no una confesión abierta y sincera.

Por otro lado Sartre se sintió traicionado por Simone de Beauvoir. En una sarcástica reseña de *La fuerza de las cosas* (uno de los volúmenes de la autobiografía de Simone de Beauvoir),

FIDELIDAD

Yo no se
Si me ames
Pero por lo pronto
Lo presumo

Roberto Mendoza Zepeda

El pacto entre estos dos intelectuales se apoyaban en tres cosas: la fidelidad, la variedad y la honestidad. A excepción de la variedad, las otras dos no se cumplieron nunca. En *La plenitud de la vida*, Simone de Beauvoir escribió: "Hicimos otro pacto: no solamente nunca nos mentiríamos uno al otro, sino que ninguno de los dos le ocultaría nada al otro."

Los dos hicieron de esta política un tema de sus novelas. De Beauvoir se refiere a confesiones llevadas "al límite del aburrimiento".

No obstante, un modo insuficiente de cumplir el pacto es no informar y voluntariamente, o postergar la revelación hasta el momento que se cree oportuno.

Claro que uno puede ser honesto, diplomático o muy curioso.
O puede mentir. Sartre y De Beauvoir adoptaron estas distintas conductas según las circunstancias. María Félix, muy irónica decía "Cuando busques la fidelidad de tu pareja, mejor no le rasques, si le buscas, encuentras"

"En el caso de las relaciones más serias que Sartre tuvo con mujeres (que no fuera Simone) parece haber adoptado una honestidad parcial y algunas veces admitió francamente que mentía"

"Y en cuanto a Simone de Beauvoir. Basta con medir sus lamentaciones escritas reiteradamente en sus libros autobiográficos".

El "engaño" de Sartre pudo verse equilibrado por "cierta deshonestidad" de parte de De Beauvoir. Esto de "cierta deshonestidad" de Simone, tal vez sería más adecuado decir "cierta discreción".

La gente puede hacerse una composición de lugar en cuanto a fidelidad sexual, y con frecuencia, si no hay, suelen decidir que por lo menos van a ser sinceros. Todo esto es teoría. La verdad es otra.

"La sinceridad suele ser como el agua hirviendo". Duele demasiado para aguantarla a boca de jarro.

En fin, los celos Pre-freudianos fueron un género literario que navegaba entre el melodrama y el código criminal. Para convencernos bastaría invocar de nuevo dos nombres: Otelo y Werther.

Ambos conducen al crimen pasional, y conviene subrayar que el crimen pasional difiere del crimen a secas por un hecho fundamental: la indulgencia que todos tenemos con el delincuente. Frente al crimen a secas la respuesta unánime es: ¡Que la pague!
Frente al crimen pasional todos buscan atenuantes para indultar al protagonista del crimen. Esta indulgencia nos hace suponer que todo el mundo es tributario de los celos. En mayor o menor grado todos somos celosos.

En c uanto a los Post-Freudianos los celos pierden su rango literario y se consideraron una rémora animal y troglodita. Según ese principio, con una apertura sexual orientada hacia una buena educación los celos quedarían superados. ¡Pues no! Los celos no se someten, ni se educan, ni se anulan. Los celos surgen espontáneamente porque son una "pulsión vital" un estado de ánimo que no pide permiso para entrar, como no lo pide la rabia, ni el odio, ni el amor.

Si te arrebatan los celos ¡paciencia!, pero tú seguirás inmerso en la situación vital propia de un celoso amargado vengativo. Es el destino de la "situación vital". ¡No pide permiso!

UN CASO DE TANTOS

La palabra
Ardiente
Nada expresa
Pero en tu cuerpo
Es todo el mundo
Y la palabra amor
Desde tus labios
Es resplandor
Para el más negro abismo
Y es plenitud
Del universo mismo

Roberto Mendoza Zepeda

Pregunta Nancy Friday en su libro "Celos"

-¿Si te presentaras ante el hombre que amas y él estuviera con otra, qué sentirías?

-Lo primero que sentiría, y lo he sentido ya, es el dolor físico. Como si me fuera a dar un ataque cardiaco. Mi corazón empieza a palpitar y entonces, entonces... siempre me preocupa que podría matar a alguien.

-¿A quién matarías, al rival o a tu amante?

- ¡A los dos!

-Recuerdo que en la Universidad hallé a mi novio en su dormitorio con una mujer. No estaba haciendo nada, solo hablando. Pero él me había dicho que iba a estar en otra parte. Y una de las cosas que más odio en el mundo es que me mientan. De todos modos, no confío en la gente. Así que las mentiras me enfurecen. A parte de eso, la mujer que estaba con él era muy hermosa.

Era amiga mía y yo sabía que él le interesaba. No vacile. Me dirigí directamente a él y lo abofetee con fuerza. ¡Fue muy dramático! Luego me di media vuelta y me alejé, no dije nada. Se miraron mutuamente como si yo estuviera loca.

-¿Termino eso la relación?

-Me suplicó. Me llamo para decirme que no era lo que yo pensaba.

Pero yo ni siquiera le hablaba. Y no lo hice durante mucho tiempo. Me rogó. Lo humillé

-¿Esa fue tu venganza?

- Después de eso ya no volví a confiar en él. Desde entonces, constantemente lo ponía a prueba.

-¿Cómo?

- Lo pongo celoso. Esa fue siempre mi táctica. Cuando me siento vulnerable, celosa, rápidamente cambio las posiciones y finjo pretender algo.

¿Y FREUD?
(celos intelectuales)

Si te digo que te quiero
Es poco
Y que si te amo
También
Por eso es que
Cuando intento reiterarlo
Las muchas sílabas que existen
¡Son tan poco para ti!

Roberto Mendoza Zepeda

Freud no podía tolerar que nadie le ganara la partida dentro del área psicoanalítica. Reconoció el valor de Jung hasta el punto de reconocerlo como presidente de la Asociación Psicoanalítica Internacional.

En el momento en que se dio cuenta que por su recia personalidad podía hacerle sombra y en cierta forma comprometer su prestigio, cerró las puertas de la amistad y Jung se separó definitivamente del grupo ortodoxo freudiano. Lo mismo sucedió con Adler.

Tan pronto se convenció de que el prestigio de Adler podía suplantar el suyo, quedo segregado de la Asociación Psicoanalítica Ortodoxa. Y así sucedieron con Otto Rank y con Wilhelm Reich, y probablemente otros.

CLITORIS, ESE DIVINO Y PLACENTERO ORGANO

Qué importante
Es el sonido
Cuando nace de tu boca
Ayer te llamé mil veces
Y mi voz se desprendía
Como un náufrago de luz
Que busca techo
Junto a tu planicie quieta
Bajo la arena audaz que te dibuja
En el resplandor del cielo

Roberto Mendoza Zepeda

El predominio de una cultura fálica, unido a la ignorancia, provocó que ya desde la época de los egipcios las mujeres fuesen sometidas a cruentas cirugías para extirparles el clítoris.

En el siglo V. A. De C., el médico heleno Aecio defendía esta práctica aduciendo que debía ser cortado antes de que se hiciera demasiado grande, y Pablo de Aegina, galeno también griego del siglo V de nuestra era, defendió la extirpación clitoridiana arguyendo que un clítoris grande era un órgano vergonzoso que "podía levantarse como un pene puede ser empleado para el coito lésbico".

La clitoridectomía, la extirpación del clítoris, extendida por la ruta del Islam, bajando por la costa occidental de Afrecha y hacia los países del Este, como Pakistán, la India e Indonesia.

También, durante la segunda mitad del siglo XIX, la extirpación del clítoris incluso se puso de moda entre los médicos europeos y estadounidenses para curar la masturbación femenina, la ninfomanía, el orgasmo femenino y otras supuestas desviaciones sexuales de la mujer.

A pesar de que a clitoridectomía continúa mutilando y segando la vida a miles de mujeres en el norte de África, Malasia, la India y otras regiones del mundo, al menos en Occidente, el clítoris es de importancia crucial en la sexualidad femenina.

El clítoris es del tamaño de un cilindro de dos a tres centímetros de largo, se trata en cierto modo de un pene en miniatura, capaz de ponerse en erección ante estímulos voluptuosos. Tal es su similitud que ambos órganos surgen de un mismo tejido embrionario, el llamado tubérculo genital.

El clítoris aparece suspendido del hueso pélvico mediante un pequeño ligamento y se muestra como una pequeña prominencia carnosa prácticamente oculta por los labios menores e internos de la vulva. Su parte visible es glande o glándula, una protuberancia que recuerda a la goma rosa que se halla en la contera de los lápices.

Toda la estructura clitoriana está protegida por un capuchón de piel, que equivale al prepucio del pene. Al igual que éste, el clítoris posee en su interior dos estructuras eréctiles semejantes a una esponja que se llena de sangre. Conocidos como cuerpos cavernosos, éstos surgen en el feto femenino como dos entidades separadas que evolucionan para unirse en su línea media y formar el clítoris.

La extrema sensibilidad de este órgano queda patente por la riqueza de sus terminaciones nerviosas. Estas proceden en su mayoría de la médula espinal, concretamente del denominado centro sacro, que se halla situado entre las vértebras sacras 2, 3, y 4, al final de la columna vertebral.

Desde allí se dirige la erección y el orgasmo femenino. Ante un estímulo voluptuoso, el clítoris experimenta unas modificaciones importantes. Como resultado de la excitación, la glándula clitoridiana incrementa su vascularización; los cuerpos cavernosos se llenan de sangre y un anillo de músculos situados en su base se cierra para que no escape.

No obstante, el clítoris apenas aumenta de tamaño, aunque se eleva ligeramente, y sólo los dos cuerpos cavernosos hinchados se hacen más evidentes al tacto.

Paralelamente, la vagina se humidifica y otras zonas genitales también se congestionan: los labios menores aumentan de volumen y se colorean de un rojo escarlata, los mayores se inflaman y dejan entreabierto el orificio vaginal.

Si el estímulo sexual se prolonga el glande asciende y se retrae bajo el capuchón, cutáneo. Este tipo de reacción, que es general en las mujeres y que a veces despista al compañero sexual, pues éste pierde la referencia clitoridiana, suele anunciar la inminencia del orgasmo. Contrariamente a la tesis de Freud, que defendía la existencia de dos orgasmos, el clitoridiano y el vaginal, en realidad, la clave del orgasmo en la mujer se halla en la estimulación del clítoris.

A diferencia de éste, la vagina un canal elástico de ocho a doce centímetros de largo, apenas está plena de terminaciones nerviosas, lo que explica su poca sensibilidad erógena en sus dos tercios internos.

EL FAMOSO PUNTO G

Por lo demás, otro órgano erótico de la sexualidad femenina es el llamado Punto G. El punto de Grafenberg, protuberencia, situada en la posición del mediodía, justo detrás de la sínfisis púbica, muy cercana al clítoris y cuya estimulación, sabia acuciosa y paciente, puede provocar eyaculación femenina.

Así, no importa tanto el tamaño del pene (si acaso, visualmente y más entre homosexuales masculinos) sino como saber estimular estas dos importantes zonas erógenas femeninas, ademán del preámbulo exigido para estimular con caricias a la mujer

AFRODISIACOS

Ese vértigo que sientes
Es mi amor
Que te desnuda

Roberto Mendoza Zepeda

Algunos calientan el cuerpo, otros el cerebro. Los alimentos y bebidas que activan el deseo, lo hacen ya sea por sus sustancias, o bien por su parecido con ciertas partes del cuerpo humano.

El poder de los afrodisiacos es más una cuestión de sentido común, que de base científicas. Si bien existen algunos estimulantes, "en el deseo intervienen aspectos físicos, psicológicos y emocionales" Encontrar la combinación ideal de persona, ambiente y aliados sexuales, es el secreto

La sandía aumenta la producción de óxido nítrico, incrementando el flujo sanguíneo y favoreciendo una erección firme y prolongada. El ajo Aumenta el flujo sanguíneo y eliminación de radicales libres. Aumenta el torrente circulatorio en genitales. Otros que funcionan muy bien son los espárragos, el jengibre y almendras.

Algunos alimentos se consideran estimulantes de la libido por su contenido proteínico, como acurre con las ostras. Contienen zinc, sustancia que aumenta la producción de testosterona. También los camarones, contienen hierro, zinc, que ayudan al flujo sanguíneo a los genitales-

Moctezuma consumía cacao, mismo que serotonina, dopamina y endorfinas además de la feniletilamina (FEA), sustancia responsable del enamoramiento.

El vino desinhibe y, con sus aromas, erotiza la mente. Algunas esencias afrodisiacos son la lavanda, la rosa, la canela y el anís. Ojo, los destilados n cuentan; son tan etílicos que su olor no te seducirá.

La lavanda contiene ionono, que bloquea nuestro olfato, pero es justo eso lo que hace a este aroma tan seductor: su capacidad de aparecer y desaparecer

La palabra aguacate en náhuatl significa "testículo". Útil también para el correcto funcionamiento sexual

En el Kamasutra señalan a la leche con miel como el secreto de la pasión. Además de la referencia obvia del lácteo con el semen, la miel proporciona energía y calienta (literalmente) el cuerpo; además, favorece la circulación y endulza los aromas corporales.

DISFUNCIONES SEXUALES DE LA PAREJA

Me dices no creerme
Cuando dudas que te escribo
Lo que no sabes
Es que tu nueva habitación
Existe en el espacio de estas líneas
En ellas me sonríes coqueta
¡Cómo te beso con mi pluma!
Así que ya lo sabes
De aquí ya no te vas nunca

Roberto Mendoza Zepeda

Cuando tener relaciones sexuales, genera molestias, es importante reconocer en qué etapa de la respuesta sexual humana ocurren: estimulo sexual efectivo, excitación, meseta, orgasmo, resolución y periodo refractario.

Anorgasmia ocurre cuando no hay manera de lograr un orgasmo, hecho que genera mucha angustia y frustración, se presenta tanto en hombres como en mujeres y esta disfunción se debe tratar con un sexólogo clínico para poder recuperar el placer.

Falta de lubricación femenina y disfunción eréctil. En cuanto a las mujeres, es recomendable acudir primero con un ginecólogo para descartar algún problema médico, al igual que el hombre con un urólogo antes de recurrir a la terapia sexual.

Durante el coito

Independientes de cada encuentro sexual, existen otras disfunciones, como la dispareunia y el vaginismo. Dispareunia es la presencia de mucho dolor durante la penetración; mientras que el vaginismo consiste en fuertes y dolorosas contracciones vaginales que pueden ser tan intensas que cierren por completo la vagina, evitando el coito. Para estas disfunciones, lo indicado es llevar tratamiento médico además de una terapia sexológica.

TERAPIA SEXUAL

Que tengas buen viaje
Me dijiste
Y yo no se
Hacia donde me dirijo
Si hacia el mar de tus misterios
O son tus ojos mi destino

Roberto Mendoza Zepeda

Para saber si tenemos un problema sexual, el síntoma debe ser recurrente, "que genera una molestia en la pareja. En todos los casos de disfunciones sexuales se deben descartar problemas orgánicos.

Algunas enfermedades, como la diabetes, la hipertensión o el colesterol, pueden causar disfunciones sexuales e incluso pueden llegar a ser la causa principal de estos problemas.

Es importante buscar un sexólogo porque muchas veces, si no está bien indicado el medicamento, la persona puede estar toda la vida consumiéndolo y provocarle la reacción adversa que desea evitar. Descartar la causa orgánica, es crucial.

Se puede estar toda la vida en terapia sexual y no solucionar nada. Lo ideal es el tratamiento multidisciplinario.

Técnicas

Cuando no existen problemas fisiológicos, la terapia sexual puede ayudar a mejorar la experiencia erótica. Así, la terapia sexual es un conjunto de técnicas y estrategias psicoterapéuticas cuya finalidad es ayudar a resolver dificultades sexuales que les afecten, de acuerdo con muchas situaciones que se pueden presentar.

Una de las técnicas que puede recomendarse en la terapia sexual es la caricia sexual suave, paciente y consciente, múltiples besos, caricias y otra vez...una y otra vez. "Hasta que la piedra de jade caliente". Esto consiste en dar y recibir caricias eróticas para fomentar el placer y enriquecer la vida sexual de la pareja.

LAS RAZONES DEL CORAZÓN

El amor no tiene razones, es una fuerza tremenda por la que se muere y se mata, es algo que no se puede explicar sino sólo sentir. Es una forma de nombrar lo indecible, de transformar lo terrestre en infinito, por ello es difícil definirlo. Es anárquico, no obedece reglas ni convencionalismos y sobre todo, no le gusta casarse con la realidad.

Se le encuentra en cualquier lugar, en las condiciones más insospechadas y no respeta edad ni tiempo. Es insaciable, su índole aspira a la intensidad olvidándose de todo, incluso de la supervivencia.

Amor y sentimiento

Al amor se le ha descrito como un sentimiento de adhesión hacia personas de igual o distinto sexo, basado a veces en simple atracción y otras en relaciones o sentimientos sexuales. Proviene de una fuerza espiritual que busca la unión entre dos almas, rescata del aislamiento a la persona individual conduciéndola al "nosotros". En el amor, se crean valores en el otro ser. Con el amor se forja un valor humano superior, por encima de la persona misma. Por ello el amor se opone al odio, porque mientras que él se crea valores, en el odio se destruyen, haciendo imposible cualquier tipo de unión.

El amor según San Pablo

El amor nunca pasará según lo expresa San Pablo en la 1ª. Epístola de los Corintios (13:8): "Si yo hablara todas las lenguas de los hombres y de los ángeles, y me faltara el amor, no sería más que bronce que resuena y campana que toca. Si yo tuviera el don de profecías, conociendo las cosas secretas con toda clase de conocimientos, y tuviera tanta fe como para trasladar los montes, pero me faltara el amor, nada soy. Si reparto todo lo que poseo a los pobres y si entrego hasta mi propio cuerpo para ser quemado, pero sin tener amor, de nada me sirve. El amor es paciente, servicial y sin envidia. No quiere aparentar ni se hace el importante. No actúa con bajeza, ni busca su propio interés. El amor no se deja llevar por la ira, sino que olvida las ofensas y perdona. Nunca se alegra de algo injusto y siempre le agrada la verdad. El amor disculpa todo; todo lo cree, todo lo espera y todo lo soporta. El amor nunca pasará".

Platón y el amor

Para éste filósofo, amar es el deseo de unirse a lo bello, siendo la belleza y la perfección conceptos semejantes. Así el amor según Platón es un deseo de unirse a todo ser que sugiera perfección, independientemente de la realidad y es por ello subjetivo. Si el ser ama la perfección, amará el alma, y revelará la necesidad de disolver su individualidad en la del otro ser, y viceversa, absorber en la suya la del ser amado.

Platón consideró al hombre como entidad pre sexual en uno de sus más bellos *Diálogos* "El banquete", explica: "En otro tiempo la naturaleza humana era muy diferente a lo que es hoy. Había una especie que se llamaba andrógina, porque reunía al sexo masculino y femenino —dos cuerpos en uno—; pero los dioses, tal vez por envidia, los dividieron. Desde entonces, una mitad vive buscando la otra, porque escindidos "no somos más que una mitad de hombre que ha sido separada de su todo como se divide una hoja en dos".

En esta hermosa imagen descrita por Platón el amor se explica como una gran pulsión que vive en nosotros desde nuestra llegada al mundo, participando como uno de los hilos centrales en la trama de nuestros actos, pensamientos y deseos. Una deliciosa ecuación universal inexplicable e inexorable.

AMOR Y FILOSOFÍA

Estoy pensando en ti
Y aquí el tiempo se dilata
Como la leña verde
Que se quema lentamente
Pero que si prende
Como mi amor callado
Que se enciende con tus besos

Roberto Mendoza Zepeda

A pesar de que la historia de la humanidad esta llena de historias de amor, la filosofía siempre ha menospreciado su estudio, tal vez por su componente de irracionalidad o exacerbado sentimentalismo. "El corazón tiene razones que la razón desconoce", comentó Blas Pascal. A tal grado se concibe el amor como un sentimiento, que no existen filosofía ni ciencia del amor, tanto que incluso el matrimonio es desdeñado por muchos pensadores como Federico Nietzsche quien señaló:

"...El filósofo aborrece el matrimonio junto con sus persuasiones. El matrimonio es un obstáculo y una calamidad para lograr las metas superiores del pensamiento. ¿Qué gran filósofo ha estado casado? Heráclito, Platón, Descartes, Spinoza, Leibniz, Kant, Schopenhauer, no estuvieron casados y no puede uno imaginárselos en tal estado. Un filósofo casado pertenece a la comedia, sólo por la excepción de Sócrates que, debido a su malicia e ironía, lo hizo para demostrar la validez de esta proposición..."

No obstante, sin la participación de filósofos de la talla de Platón, cualquier estudio sobre el amor quedaría pavorosamente mutilado. Por ejemplo, todos nosotros en algún momento de nuestra vida hemos experimentado un amor platónico, que para algunos sería un amor imposible, para otros, una forma de vida. Los poetas y escritores son quienes más se han interesado en comprender el significado del amor.

Sthendal

El escritor francés Sthendal compara al objeto amado con una rama arrojada a las minas de Salzburgo, el cual se transfigura al día siguiente porque se ha cubierto de irisados cristales que lo hacen cautivador. Así, al objeto amado se le van añadiendo superposiciones imaginarias que, acumulándose sobre la desnuda imagen, lo van enriqueciendo poco a poco, hasta alcanzar la perfección.

Hesnard

El psicoanalista francés Hesnard intenta, como otros muchos, esclarecer el amor físico y el amor psíquico o platónico. En este último, el amor espiritual desemboca después en una ternura física. Los deseos de orden psíquico son mucho más oscilantes y variables en sus manifestaciones y a menudo pasan inadvertidos pero son más precoces que los físicos y con el desarrollo ambos terminan fundiéndose, para constituir la sexualidad definitiva.

Marañón

Por su parte Marañon considera que el niño no distingue entre los diversos sexos. Sólo por medio de una evolución gradual van separándose hombre y mujer, hecho que suele producirse en la pubertad. Luego, para obtener el ser amado, tiene igualmente que atravesar todo un proceso de madurez, hasta preferir un tipo determinado de mujeres y encontrar la que satisfaga sus apetencias sexuales y morales. Según su tesis, esta mujer será de tipo parecido a la madre, de forma que sería una idealización de ésta.

Marañón también creía en el amor "conveniente" intentando devolverle dignidad al matrimonio hecho por conveniencia y afirmaba que el amor romántico tiene un ciclo biológico inexorable y termina por hacerse conveniente y que de no ser así se convierte en desamor.

Ortega y Gasset

Por su parte, el filósofo español Ortega y Gasset establece las diferencias entre amor filial, amor al arte, amor a una mujer y explica que la nota común en cada uno de estos diferentes particularismos, estriba en la actividad sentimental que en todos ellos figura, y esta dirigida hacia un objeto, que puede ser cualquier persona o cosa. Pero, ¿es eso amor?

Octavio Paz

El poeta mexicano no considera amor cuando decimos que amamos a nuestra patria, religión, principios o ideas, por que en todos esos casos falta el elemento erótico, la atracción hacia un cuerpo. Se ama a una persona no a una abstracción. Tampoco considera amor al efecto que se profesa a los padres, hijos, hermanos o cualquier otro consanguíneo. El sentimiento que los une es más parecido a la devoción más que al amor, porque en esta relación no se descubre a la persona amada, la atracción física, la búsqueda de la reciprocidad. Por ello, no pueden existir relaciones sexuales entre familiares a menos de que se rompa el tabú del incesto.

En el hombre actual, a diferencia del primitivo, este apetito puramente sexual se transforma en erotismo pero que se dirige hacia un objeto distinto del padre o de la madre. La tragedia de Edipo estriba en que él no sabía que su esposa era su madre y que asesinó a su padre, sin saber que el era su progenitor, para después usurpar su lugar en el tálamo nupcial. Todos sabemos que al conocer la verdad, Edipo se sacó los ojos. Por eso, Octavio Paz considera que el complejo de Edipo pertenece más al terreno de la sexualidad que del erotismo. Es decir, al conocerse ese trágico destino no puede haber amor entre Edipo y su madre sino sólo rechazo y un enorme dolor.

Los animales no conocen el tabú del incesto y según el antropólogo Claude Levi-Strauss, su instalación en el comportamiento humano es uno de los detonantes principales del paso del hombre primitivo al civilizado, lo que constituye un enorme salto evolutivo que transporta al hombre de la naturaleza a la "culturaleza", es decir, al mundo de las ideas. En fin, el impulso sexual es animal, el erotismo es humano y el amor es purificación y metáfora final de la sexualidad.

AMOR Y TIEMPO

Tu amor convierte
Un minuto en siglos
Cuando no te veo
Y toda la eternidad
En nada
Cuando estoy contigo

Roberto Mendoza Zepeda

El amor no siempre ha sido concebido y practicado de igual forma. Ha pasado por épocas en las que ha sido idealizado, en otro prohibido, y en otro degradado. Así en Grecia y Roma no fue ciertamente la mujer el centro del amor. Sólo era digno de culto lo viril. La amistad unisexual reemplazó buena parte del amor sexual. También en la literatura griega, las heroínas aparecen poseídas de un amor de fatalismo, por ejemplo, el caso de Eurídice quien murió por mordedura de serpiente.

Cuenta la leyenda que Orfeo, uno de los mayores poetas que precedieron a Homero, quien era también el mejor músico, había sido obsequiado por Apolo con una lira que las musas le enseñaron a usar, y era tan hábil con este instrumento que adormecía a las fieras y embelesaba a los árboles y piedras del Olimpo. Este héroe se enamoró de Eurídice, y cuando ella murió, Orfeo transido de dolor, bajo a los infiernos y con los encantos de su música logró conmover a Plutón y convencerlo de que le permitiera regresar con su amada.

El dios de los infiernos le concedió tal favor, a condición de que no volteara la cabeza. En realidad, nunca se vuelve atrás en la vida; pero esto no lo sabía el buen Orfeo, quien picado por la curiosidad miró hacia atrás sólo para observar que la bella Eurídice se convertía en un suspiro y regresaba al Hades.

Esa leyenda se convirtió en doctrina religiosa y filosófica en la Grecia arcaica: El Orfismo afirmaba la superioridad del alma sobre el cuerpo y establecía su inmortalidad. Estas ideas influyeron en Sócrates y Platón quienes sostuvieron la posibilidad del espíritu inmortal; posible razón por la cual, Sócrates no tuvo miedo a morir.

La Edad Media

Aquí arranca el amor tal y como se le entiende ahora. No quiere decir esto que los hombres y las mujeres no experimentaran antes, en todo tiempo las dulzuras y dolores característicos de esta pasión, pero sólo en este momento adquiere una sensibilidad nueva, que le da un tono que no tuvo hasta entonces. El hecho que quizá nos explica esta mutación, es la organización feudal de la sociedad. En esta etapa la mujer está sometida, hasta el punto de tener que casarse según las vicisitudes del feudo; pero, por otra parte, puede reinar sobre dicho feudo y comportarse como verdadera soberana. De esta forma, las antiguas relaciones de autoridad entre el hombre y la mujer se transforman profundamente, y el hombre aprende a servir a la mujer al mismo tiempo que a protegerla.

El amor caballeresco

Las bizarrías del amor caballeresco se explican por sí mismas si se piensa que nacía entre la señora y el joven vasallo y suponía pruebas de la primera imponía al segundo, especialmente la prueba de las cruzadas. El amor caballeresco queda explicado en esto. Sus manifestaciones en esa época fueron grandilocuentes y sus numerosos relatos han llegado hasta nuestros días, recordemos tan sólo el *Amadís*. La esencia del referido amor estriba en que el hombre se consagra a la defensa de la mujer, se doblega ante sus caprichos, pone a sus pies la victoria y la gloria y acepta, por ella, la ignominia y la muerte si es preciso.

El cristianismo

El cristianismo ensalzó hasta lo sublime a la mujer. La existencia de la Virgen, y su subida a los cielos, fue causa de que en el Medievo se sintiera por ella una veneración sin límites, que contribuyó indudablemente a elevar un pedestal a la mujer y enaltecer su papel en este mundo. Dante, Petrarca, Guido Cavalcanti, entre otros, a menudo mezclaron con la Virgen su idealización de la mujer. Con ello entramos en el llamado amor platónico, perteneciente, como factor cultural, al Renacimiento.

El Renacimiento

El Renacimiento, se caracteriza ante todo por una vuelta al mundo clásico, es decir, helénico, recoge todo el pensamiento de los filósofos griegos y procura adaptarlo a sus circunstancias históricas. De todo este movimiento cultural se desprende el amor idealizado e imposible, que se denomina platónico.

Dante tuvo su Beatriz, a quien vio a los nueve años de edad, cuando el poeta tenía casi diez, pero en toda su vida perduró el vivo recuerdo de ella y concluyó finalmente su *Vita Nova*, en la que él quiso decir de ella lo que no se había dicho de mujer alguna; la *Divina Comedia* fue el monumento con que ensalzó su memoria.

Asimismo, Laura fue la dama de los amores de Petrarca; Monna Vanna, la de Guido Cavalcanti; Vittoria Colonia, la de Miguel Ángel. Las ideas del amor platónico engendraron la galantería, que dominó en toda su plenitud, y con carácter de relativa decencia durante los siglos XV al XVII, representada por la obra literaria *La Clelia*.

En el siglo XVIII hace su aparición el Romanticismo, el cual se caracteriza por otorgar a la pasión un poder soberano. El carácter sentimental marcará hondamente todas las producciones de esa época. Ello permitió una liberación de la mujer, así como mayor autenticidad en las relaciones humanas.

El Romanticismo es, en el fondo, la rebelión del individuo contra lo establecido. La mujer es exaltada, había dejado de sufrir la opresión legal en que la había mantenido la época clásica. Ya no se casaba a las muchachas por la fuerza, ni se las obligaba a entrar en un convento. Pero como todo progreso, el romanticismo tuvo fuertes sacudidas. Las necesidades sociales y las costumbres sostenían, y a veces agravaban, ciertos rigores que no figuraban en los Códigos. Así, la madre soltera era objeto de abominación, y el adulterio, tan cómodamente admitido, era motivo de pública condenación cuando aparecía de un modo patente o declarado. El marido conservaba el derecho de ejercer verdadera tiranía sobre su mujer, quien sólo podía escapar colocándose al margen de la sociedad; el padre conocía el modo de someter a su hija a la voluntad del yerno que le había elegido.

Se admiraba el genio de George Sand; nadie se asustaba de los amores muy distintos de Liszt y madame d'Agoult, porque se toleraba que los artistas tuvieran ciertos derechos que los situaban fuera de la norma común; y si bien eran recibidos en sociedad, se partía del supuesto de que no pretenderían formar parte de ella. Un padre de familia burguesa no daría nunca su hija a un escritor o a un pintor, pese a que, llegado el caso, lo festejara en su casa. Se explica entonces el éxito de las heroínas románticas. Representaban éstas el ideal que nadie se atrevía a imitar. De ahí la contradicción en sus espíritus, en su temperamento, en su carácter, con complejos de ardor, de impotencia y de nostalgia. *Nostos* que significa añoranza y *algos*, dolor,.... por lo que pudo haber sido y nunca fue.

El siglo XXI

El amor en nuestro siglo XXI ha tenido sin duda una variación total respecto a eras y épocas anteriores. No ha sido un mero fenómeno literario y de cultura, sino un movimiento real, basado en hechos, y consecuencia de toda una serie de fenómenos que han alcanzado a todas las clases y capas de la sociedad. Quizá los factores que más influyeron en el cambio sexual que se ha producido hayan sido las guerras y la democratización de la sociedad.

Las dos guerras mundiales por las que ha atravesado la humanidad en el corto espacio de tiempo de medio siglo, con sus consecuencias trágicas de ausencias, angustia, encuentros fugaces, miedo y horrores de toda índole, hicieron que se derrumbaran muchos mitos, muchas creencias impuestas por la tradición y las leyes de la sociedad. Ante la muerte cercana, ante el sufrimiento, el instinto y el ansia de vivir se imponen con toda sus fuerza y no hay nada que los resista. La angustia por la que se atravesó fue, sin lugar a dudas, una de las piezas clave del derrumbamiento del antiguo orden.

Democratización

La sociedad tiene ansia de superar sus diferencias y en una de sus conclusiones o conquistas figura la igualdad del hombre y de la mujer. La mujer de nuestro siglo quiere ser semejante al hombre, respetando las naturales diferencias orgánicas. Su sistema de educación, su formación intelectual y sus costumbres tienden a igualarse.

El trabajo es el medio principal por el que la mujer consigue su independencia del hombre y de la familia, cuando lo consigue se casa con quien desea. El amor se ve indudablemente influido por estas circunstancias. Consecuencia de la industrialización de nuestra época, es que se le apliquen al corazón técnicas y procedimientos racionales.

En algunos países, el matrimonio, tan fácilmente disuelto como realizado, se presenta como una asociación pasajera. La mujer no tiene necesidad de infringir la ley, ya que, si le parece, puede cambiar de marido, de manera que el adulterio no tiene ya el significado de otras épocas. Son muchos los inconvenientes del divorcio, pero si una ventaja posee es la de que el estado de esposo o esposa no es una plaza en propiedad. Ante el hecho de que se pueda perder, ambos esposos cultivan más y mejor la convivencia conyugal.

Tal vez los hechos relatados acerca de la problemática del hombre, la mujer y el amor actual, permitan ver si se ha perdido cierto encanto en las relaciones hembra-varón; pero también es indudable que los progresos en la historia no se hacen sólo con la belleza idealizada, aunque sea el impulso más poderoso, sino con la equidad y la justicia. Y hoy vivimos en un período en el que, a pesar de los muchos defectos que saltan a la vista, se rinde culto, por lo menos, a la sinceridad, a menudo brutal, que ha barrido tantas mitificaciones de otras sociedades que se caracterizaban por ocultar tras el bello manto de la hipocresía los engaños más reprobables y las injusticias más vergonzosas. La humanidad no ha sido nunca perfecta, y probablemente no lo será jamás. Pero desde la emancipación femenina, a través del trabajo y el deporte actual, poco o nada ha perdido el amor con la sinceridad y mucho ha ganado en autenticidad.

SEXO Y AMOR

Donde estas tu
Está todo
Y algo más
Hay densos labios
Presos de suspiros
El cadenciosos vibrar
De tus caderas
Suaves y felices
Esta el botón de rosa
De tu paisaje límpido
Tu lengua ardiente
Resbalando por mis labios
Y la insólita proposición
De tu hendidura húmeda
Roja y rosa
Bañada por la selva
Espesa y concreta
Triángulo mágico
De vértices preciosos
Esta el lenguaje indescifrable
De tu piel desnuda
Y el lirio claro
De tus cabellos
Lánguidos de sol
Esta mi lengua voraz
Que no se cansa
De visitar los pliegues íntimos

De tu silueta esbelta
Esta el rayo de luz
Que se filtra por la ventana
Para acariciarte toda
Y recorrer tu figura
Hasta la aurora de tu cuerpo
Fundido al mío

Roberto Mendoza Zepeda

En los años que siguieron a la primera Guerra Mundial surgió una concepción del amor que provenía de la satisfacción sexual. Se estableció que el desencanto de la pareja radicaba en un desajuste sexual. La razón de este desajuste debía buscarse en la ignorancia de las zonas erógenas que conducen al placer sexual. Así por ejemplo, Master y Johnson asumieron que la falta del amor se debía a una defectuosa técnica sexual de uno o ambos compañeros. Inmediatamente, surgieron una multitud de libros con instrucciones y consejos acerca del comportamiento sexual, a fin de curar la falta y ayudar a las parejas desgraciadas.

Técnicas y más técnicas han llenado infinidad de libros que inundan los mercados y que prometen la felicidad de quienes acatan sus orientaciones. Prometen felicidad y amor. El caso es exactamente al revés. El amor no surge de la satisfacción sexual. Al contrario si puede suceder. Del amor puede surgir la satisfacción sexual. El amor no puede ser fruto de nada. Es origen y fin del trayecto.

Los problemas sexuales más frecuentes (frigidez en la mujer e impotencia en el hombre) no siempre se deben a una técnica incorrecta, sino en su mayoría, a la imposibilidad de amar. Podemos decir que de puro "hacer el amor", mejor dicho el sexo, se ha perdido la capacidad de amar y que ninguna técnica sexual puede prestar auxilio a amor. La pareja capaz de amar no tiene problemas sexuales. Así, los datos experimentales niegan rotundamente que la posesión de una técnica sexual pueda conducir a la felicidad y al amor. Esta creencia es la triste cosecha de las teorías de Freud, para quien el amor era simple fenómeno sexual.

Freud

Freud hizo del sexo el punto central de la vida. El sentimiento platónico fue interpretado como un fenómeno patológico, como una regresión a un estado de "narcisismo ilimitado". Para Freud el enamoramiento siempre frisa con la anormalidad en la medida en que el enamorado vive inmerso en la ceguera, en la irrealidad. El amor para Freud no era susceptible de ser investigado, puesto que surgía de una "pulsión irracional" y, por lo tanto, carecía de existencia real. Para Freud el amor sólo es resultado de la atracción sexual.

El pensamiento de Freud fue afectado por el materialismo del siglo XIX. Mediante la suposición de que todos los fenómenos mentales encontraban su origen en lo fisiológico. Freud explicó el amor, el odio, la ambición y los celos, como expresiones del instinto sexual. No obstante, hasta la llegada de Freud se, había mantenido al sexo oculto detrás de una hoja de parra, con el fin de disimular la carne. Cuando Freud arrancó la hoja de parra, la anatomía ganó mucho y la fisiología no perdió nada. A partir de entonces la libido tomó carta de naturaleza entre literatos y científicos. Entonces ya se pudo hablar de sexo, de zonas erógenas y de técnicas para llegar al placer. Tocamientos y masturbaciones, todo se tornó lícito y hasta conveniente. El área sexual adquirió nuevas perspectivas, se abordó científicamente y pronto lo prohibido se disolvió en normas permisivas de vasto alcance. Estas normas daban razón y cuenta del problema sexual. Se pensó que abriendo los cauces naturales de la sexualidad, todo quedaría resuelto. Dando rienda suelta a la masturbación, a la *felatio*, al *cunnilingus*, y apertura de todas las válvulas naturales de satisfacción se acabarían los complejos de culpa y con ellos toda la patología sexual. La cosa era tan sencilla como esta afirmación: "muerto el perro, se acabó la rabia". Sin embargo, hoy existe igual número de mujeres frígidas, mayor proporción de muchachos con eyaculación precoz y desde luego mayor disfunción sexual.

De acuerdo con Freud, la satisfacción completa surge de la salud mental, y por ahí se llega a la felicidad. Sin embargo, los hechos clínicos demuestran que hombres y mujeres gratificados sexualmente no siempre logran ser felices. El amor y el sexo, aunque complementarios no siempre coinciden.

EL QUERER VIENE DE MARTE
Y EL AMOR DE VENUS

Me cuesta trabajo dejarte de ver

De escucharte

De mirar tus ojos

De saborear lo pétalos dulces de tus labios

De abrazar tu cintura

De sentir el calor de tu cuerpo

Mar abierto que me envuelve

Tú me haces sentir cosas nuevas

Cada vez que te acaricio

Me haces sentir

Por ejemplo

Que el tiempo es grande y pequeño a la vez

Inmenso cuando no te veo

Casi nada cuando estoy contigo

Las horas no bastan

Para decirte que te amo

Mi existencia

Es poca para amarte

Me cuesta trabajo dejarte

Pensar que pasaran días

Sin saber de ti

Sin saborear tus labios

Sin sentir tus mejillas

De nubes de algodón

Necesito tu presencia

Hablar contigo

Quiero estar en ti

Abrazarte
Escuchar tu voz de niña
Acariciar de cerca tus anhelos
Tu risa graciosa
Tus lindas manos
Cómplices del viento

Roberto Mendoza Zepeda

El amor es considerado de forma muy diferente por el varón y la hembra, el hombre *quiere más que ama*, porque es fundamentalmente erótico, más que amoroso (y el erotismo no individualiza, como lo hace el amor), *desea* a la mujer, y le es fácil llegar al erotismo sin amor. La mujer *ama más que quiere*, es amorosa, y buena amante, sin amor, no se erotiza ni se entrega. Sólo la mujer masculinizada puede ser profundamente erótica.

El hombre es, por su instinto, esencialmente polígamo, ya que su sensualidad tiende a embotarse con la rutina, y su mayor orgullo hombre es haber enamorado a muchas mujeres. Cuantas más mujeres rendidas, mayor masculinidad instintiva, la neofilia sexual, es un atributo masculino, porque el varón no individualiza lo femenino; en cada mujer ve lo femenino universal, que se le rinde. Se enamora de la mujer. Decía Ortega y Gasset que al hombre normal le gustan casi todas las mujeres que pasan cerca de él. "Detrás de todas me voy" decía también el gran poeta chileno Pablo Neruda. El hombre sólo es monógamo en la medida de su entusiasmo amoroso hacia una determinada mujer.

En cambio, la mujer es esencialmente monoándrica, y su mayor orgullo es haber tenido un sólo amor. Su feminidad se mide por su capacidad de saciar su sed en una sola fuente, siente una verdadera neofobia sexual. En el amor, la mujer no embota su sensibilidad con la costumbre, sino que más bien la pule y la exalta. Porque la mujer *individualiza lo masculino* en todo lo masculino universal, para destacar en ello a su amado.

Fromm

Fromm afirma que el amor sólo es posible cuando dos personas se comunican desde su intimidad más radical. Es necesario que cada una de ellas vacíe su soledad en la otra. Sólo en esta experiencia central radica la comunicación humana. Sólo por este camino se llega al fundamento del amor. El amor es un estímulo constante; no es un punto de reposo, sino de canje de soledades que nos hace vivir juntos. Es un convivir.

La convivencia es más importante que la existencia según afirmó Ivan Ilich. El que haya armonía o conflicto, alegría o tristeza resulta secundario frente al hecho profundo del amor considerado como convivencia.

Una sola cosa prueba la presencia del amor: abrirse el corazón de par en par para canjear soledades. Es, debe ser, un doble ofrecimiento, un doble sacrificio, una generosidad recíproca. Este convivir es la única forma de fundirse en algo así como dos gotas de agua en una sola. En cambio el sexo sin amor es sólo un pretexto para fluir el uno en el otro... Nada más.

AMOR Y SEXO

Estoy solo
Y ahora se me ocurre
Hacer un recuento
En el espacio blanco
De este papel
Que empieza a cobrar vida
Que se baña
Con la tinta de mi pluma
Y con ella pienso dibujarte
Desvestirte deshojarte
Quitarte uno a uno
Los pétalos del cuerpo
Tu cuerpo rosa
Tu cuerpo flor
Tu cuerpo eterno
Tu cuerpo existe desde siempre
Desde que el mundo cristalizó
En un soplo de luz
Ya existías
En el primer girasol
En el primer rumor de olas
En las estrellas
Amantes de la luna
Estabas ahí
Esperando
Con tu presencia absoluta
Y en un suspiro delicioso
Apareciste de pronto
Con toda la belleza

Que tu piel deslumbra

Roberto Mendoza Zepeda

El hombre vive entre dos fuegos: el ángel y la bestia, y cada quien tira por su lado. Es un animal esquizoide, que vive desdoblado, hendido en dos. Por esto el comportamiento del hombre es siempre dubitativo, vive en la duda. El hombre es un animal que para actuar tiene que elegir siempre entre dos dominios. Por un lado siente la atracción de las "urgencias" vitales. Por otro, la tentación imperiosa de las "urgencias" vivenciales.

Las urgencias vitales son: Nutrición, Reproducción y Territorialidad. Todas ellas las encontramos también en el perro, el mono y el caballo, son por tanto, la herencia biológica que traduce nuestra ascendencia animal de la que el hombre se aleja aunque sin escapar totalmente a ellas. Por lo cual el hombre se reproduce, se nutre y defiende su territorio, siempre a su manera.

También el animal se nutre, se reproduce y defiende su territorio, pero el animal lo hace desde fuera, no tiene consciencia. El hombre lo hace desde adentro. El hombre vive en sí, dentro de sí mismo, lo más genuino del hombre es su identidad, que es como decir su "mismidad". Yo soy yo. El animal es cualquier animal.

Las urgencias vitales no son las mismas en el hombre que en el animal, sólo que en el animal forman un conjunto perfecto y acabado, mientras que en el hombre son imperfectas e inacabadas. Dicho en otros términos, los instintos son la salvación del animal, mientras que en el hombre, su perdición. Por ejemplo, si a un niño recién nacido lo abandonamos a sus propios instintos, estará condenado a morir inexorablemente, cosa que no sucede con el pollito recién salido del cascarón.

Sin embargo, más allá de las urgencias vitales están las vivenciales. Estas son exclusivas del hombre. Se encuentran en otro nivel. Las urgencias vivenciales del hombre son: Sed de saber, Sed de comunicar,

Sed de crear y creer...y de crear. Como diría Unamuno, "creer es crear". Estas urgencias son inherentes a la vida humana y son privativas del hombre. Ahora podemos comprender por qué el hombre es un animal esquizoide. Es que su comportamiento se asienta sobre una doble fisiología: la del ángel (donde habita el amor) y la de la bestia (donde reside el sexo); el hombre arrastra a la bestia que tira para abajo, pero aspira al ángel que mira al cielo. Entre los dos, siente la llamada doble: la del animal nos cosifica, la humana quiere ascender, y nos sublima.

El hombre pasa febrilmente del amor al sexo y del sexo al amor. Entre ambos fuegos transita el erotismo, llama vital que los alimenta. El amor es humano y el sexo es animal. Así, mientras que el animal nace con la necesidad de reproducirse, el hombre nace con la necesidad de amar. La conducta sexual del animal se dispara por el celo y es de naturaleza estrictamente hormonal biológica o natural, como queramos llamarle.

La instancia que dispara al hombre hacia el amor es puro misterio. Por cierto, un delicioso misterio a vivir y sentir. Mientras que el comportamiento sexual del animal está rigurosamente programado desde el nacimiento. También la aptitud del hombre para amar no está programada, cada quien debe crear su propia novela.

La vida sexual del animal termina siempre en parto, la resolución de la vida sexual humana tiene mil nombres: posesión, entrega, comunión, encantamiento. Por esto, el problema eterno del hombre resulta ser la interferencia del animal con el ángel. En ninguna otra área se hace tan dramática la presencia del animal, el cual comparece siempre dispuesto a pelear y a vencer al ángel. Para unos, todo se reduce a vida genital, vida sexual. Para otros todo apunta a la vida amorosa; pura espiritualidad. Así, para los platónicos, lo importante es el alma y la vida sexual es un accidente; para los freudianos ortodoxos, el amor es mera racionalización; todo es sexo.

El caso es que la historia de la humanidad, desde sus inicios, tiene que ver de alguna u otra forma con la vida sexual y con el amor. Desde el Eros cosmogónico de los griegos hasta las doctrinas pansexualistas freudianas, todo habla de situaciones vitales conflictivas surgidas por obra y gracia del binomio ángel-bestia. "No hay amor sin erotismo como no hay erotismo sin sexualidad. Aún más, amor sin erotismo no es amor y erotismo sin sexo es impensable e imposible", según afirma Octavio Paz.

ANTONIETA RIVAS MERCADO Y JOSÉ VASCONCELOS

En la llama fugaz que representas
Mi vida se apaga
Como la llama de una vela parpadeante
A veces tan brillante
Muchas de tan negra, oscura
Porqué mi amor
Porqué la vida duele tanto
Porqué tus ojos
Tus bellos ojos me miraron
Si tan solo hubiese adivinado
Que esa mirada linda
Como un milagro concebido
Sería por siempre mi condena
Tal vez entonces
Me hubiese vuelto arrepentido
Y sin embargo
Y a pesar de todo
Contigo hubiera regresado
A pedirte tal vez
Tan solo una mirada más
Y quizás otra más
Porque tal vez otra más
No la hubiese resistido

Roberto Mendoza Zepeda

Hija de Antonio Rivas Mercado, arquitecto de la clase privilegiada del Porfiriato, el mismo que levantó la Columna de la Independencia en

1910, durante las fiestas del Centenario, y una mujer emprendedora y amiga y benefactora de artistas. El, escritor, político e intelectual. Uno de los hombres de cultura aparecidos al amparo de la Revolución.

Pero estaba casado y nunca se separó de su mujer. Ella lo amó intensamente, tanto como a Manuel Rodríguez Lozano, un pintor homosexual, y luego lo siguió en su destierro en Europa, adonde Vasconcelos tuvo que escapar después de su fracasada campaña presidencial contra el candidato oficialista Pascual Ortiz Rubio. Casi sin dinero y a punto de perder a su hijo, fruto de su primer matrimonio, olvidada por Vasconcelos, Antonieta Rivas Mercado se pegó un tiro en el corazón frente al altar de la catedral de Norte Dame, en París, en 1931.

EL DUQUE DE WINDSOR
Y WALLIS SIMPSON

Me dices soy poeta
Y Tú no sabes
Que tan solo imito
Tus movimientos lindos
El otro día me recitabas
Algo de Gustavo Adolfo
Y entonces confesaba
Que a pesar de que él dijo
Que la poesía era ella
Estoy seguro
Por lo eterno de su prosa
Que a quien por cierto
Él aludía
Eras tú
Porque estoy seguro
Mi amor
Que la poesía eres tú

Roberto Mendoza Zepeda

Tachado de masoquista reprimido, el príncipe de Gales y futuro Eduardo VIII, era en realidad un amante de las aventuras sentimentales y la juerga, de tendencias nazis, que sucumbió a las artes seductoras de Wallis Simpson, una norteamericana plebeya y divorciada. Llevaban ya seis años juntos cuando murió Jorge V, rey de Inglaterra, y a Eduardo le llegó el momento de acceder al trono. Pero sólo reinó durante unos meses del año 1936. Su deseo de casarse con Wallis y convertirla en reina encontró la oposición de todos los estamentos civiles, políticos y religiosos de Gran Bretaña. Parece ser que únicamente Winston Churchill le prestó su apoyo. Incapaz de resistir las presiones, Eduardo VIII abdicó y se marchó a Francia, donde se casaría con Wallis Simpson. Allí vivieron a cuerpo de rey hasta su muerte (en 1972 y 1986 respectivamente) como duques de Windsor.

SEXO Y REPRODUCCIÓN
EN EL ANIMAL

Oda a tu pelo chino

Cayendo como ríos del cielo
Tus cabellos lindos adornan tu carita de ángel
Son rebeldes y a veces mucho muy tiernos,
Así es tu naturaleza inmensa,
Dulce, sabia y tan bellamente incierta y audaz
Tu pelo, así suelto es para mi
La inspiración libre y sabia
Caireles tan selváticos que a mi corazón atrapan
Con la fuerza de un huracán y a la vez de lluvia
Tan pausada y delicada que en un bálsamo de luz
Me inunda

Roberto Mendoza Zepeda.

Es tan preciso el mecanismo glandular (hormonal) en el animal que el veterinario puede provocar el celo, el día y a la hora que quiera. Experiencia que ha sido de superlativa utilidad para la explotación zootécnica en las granjas de animales. El animal en brama busca su complemento en forma imperiosa e irreversible.

Los reflejos y patrones de conducta se realizan puntualmente, y el animal no se detiene sino hasta conseguir la eyaculación fecundante. Finalmente, la resolución acaba con la liberación del fruto. Y el animal inicia su prole a la hora justa. Todas las etapas entre instancia y resolución son de naturaleza instintiva, lo que quiere decir que el animal no debe aprenderlas. El organismo nace perfectamente programado para su cabal realización. La instancia del animal es hormonal y la resolución es el parto.

LA POSESIÓN HUMANA

Cuando despiertas, tus manos se abren
Como pétalos de flor en una mañana luminosa
Tu sonrisa nace desde el fondo de la tierra
Como plantas de trigo en un paisaje de Palencia
La tierra del Mío Cid
Y tu mirada se abre al mundo
Con un ritmo de piano y de Chopin
Los acordes te acompañan cuando pronuncias por primera vez
Cualquier cosa
Tu voz es pájaro silvestre
Tu mirada es una flor en si misma
Y tus manos tan lindas
Son como gaviotas que quisieran volar
Suave piel y densos labios
Tu pelo es una selva majestuosa
Y tus rizos naturales, tienen un olor a hierba fresca, a mar y a selva
Una selva muy profunda e intensa
Y de un dulce verdor que me fascina

Roberto Mendoza Zepeda

El camino que sigue el hombre para el amor es totalmente diferente. La instancia necesaria para encontrar a la pareja surge siempre de una luz interior encantadora. Esta luz interior se refleja sobre una imagen exterior. Imagen que nos encanta. Se trata de "algo" indescriptible que sólo cada uno de nosotros puede encontrar en su camino.

La imagen que atrae la atención es una imagen imprevisible que de pronto cruza y repentinamente surge un deseo de posesión, de aproximación, de comunión. Fuerza ciega y deliciosa al mismo tiempo. Luz desprovista de hormonas y de lógica... ¡Pura luz!

El punto de partida es el encantamiento. Nos encanta misteriosamente y nos enamora milagrosamente. Es una novela personal intransferible e inefable, que sólo se vive y no se puede explicar. Su trayectoria es inédita. En el hombre, la culminación del amor tiene un nombre: posesión. Esta posesión debe ser recíproca. No puede haber comunión si no hay canje de intimidades, de soledades, entre él y ella.

Es decir que no basta una resolución orgánica, como podría ser el orgasmo. Es indispensable una actitud de entrega recíproca. Una mutua concesión gratificante. Sólo así se puede llegar a la posesión total. Todo lo demás, lo que no sea posesión recíproca, podría llamarse con distintos nombres: atropello, cohabitación, yunta...pero no posesión. Esta entrega mutua sólo se alcanza si previamente hubo confesión de partes. Tras la confesión (de palabras o de silencios) viene la comunión. Esta comunión puede ir acompañada de conmoción neurovegetativa (orgasmo), pero no es su condición indispensable.

Lo importante de la posesión amorosa es esa comunión, no la participación visceral. El problema es que el hombre es una mezcla de ángel y bestia, por lo que la situación vital será siempre conflictiva. Hasta puede llegar al borde de la tragedia: celos, incomprensión, odio. El ser humano hereda la bestia que arrastra en la medida en que es hijo de la naturaleza. Su delito principal es haber desertado de esta biología universal para ir en busca de placer personal. La llamada del ángel hace al hombre desertar de la naturaleza, y al hacerlo pierde atributos naturales. Y aunque la llamada del ángel lo eleva hacia un mundo ideal, sigue arrastrando, bien que mal, el bruto con todos sus instintos precarios, con todas sus necesidades primitivas.

El hombre aspira a vivir en un mundo ideal, ajeno al mundo natural que le ha legado la biología. El mundo ideal es aquel que se desea alcanzar por cuenta propia, en busca del placer personal. Somos ángel y plomo, vuelo y caída. La caída es fatal, el ascenso conflictivo. El ángel nunca podrá desembarazarse del peso gravitatorio heredado del mundo natural ¡Ni el santo! En esta lucha vivencial el hombre inventa otro mundo. El de la culturaleza. Mundo ideal en el que quiere instalarse sin lograrlo totalmente. Todo se queda en aspiración de bienestar, de gozo, de felicidad. Aspiración que nunca llega a disfrutarse totalmente. Mientras más se gana en el sexo, más se pierde en el amor.

PROGRESO MATERIAL Y REGRESO ESPIRITUAL

Despojaré mis páginas de ti
Respiraré feliz cuando descubra
Que mis labios ya no se mojan con tu nombre
Encontraré mi rostro
En el recóndito espacio del olvido
En el olvido sabio que fabrico para ti

Roberto Mendoza Zepeda

Nos ahoga el progreso, progreso material equivale a regreso espiritual. El progreso aplasta todo. El progreso material, con una voracidad insaciable, sólo busca aumentar la velocidad, los rendimientos económicos. Rendimientos de los que cada vez queremos más y más. Y a medida que el cerebro progresa, el corazón regresa.

Marcuse planteó el problema del hombre unidimensional, como una especie de embudo que traga y defeca. Todo se puede resumir a máquinas de consumo y nada más. "Comer, trabajar, dormir" fue una de las consignas más críticas que hizo el movimiento estudiantil del 68 y que por desgracia todavía aplica al hombre masa actual a varios decenios de distancia.

Bajo el signo del progreso, el hombre ha sido transformado en mercancía. Las relaciones humanas fincan su seguridad en el rebaño. Todos somos iguales. Homogeneizados y pasteurizados. El hombre moderno se parece cada día más al retrato que hizo Huxley en *Un mundo feliz*: alfas y betas bien alimentados, bien vestidos, sexualmente satisfechos. ¡Pero! Sin identidad, faltos de personalidad, faltos de vida interior.

Con el progreso técnico, el hombre se ha transformado en un robot que trata de "engullir" mercancía, comida, bebida, cigarrillos, gente, lecturas, libros, películas...y sexo; todo se consume, todo se devora. Un hombre es una ficha...que consume, que devora hasta hartarse. El mundo es una gran manzana, una gran botella, un gran seno; un objeto apetitoso que se debe comer, beber o chupar.

La personalidad acaba conformada para recibir, trocar y consumir, tanto los bienes espirituales como los materiales. Todo se vuelve objeto de cambio, mera mercancía. Naturalmente, el amor se reduce a sexo. Y el sexo a genitales que embonan. No es posible zafarse del tiempo actual como no se puede brincar sobre la propia sombra. Si nos dejamos devorar por el progreso material nos convertiríamos en autómatas, y los autómatas no pueden amar. A lo más, pueden cambiar su mercancía genital con la esperanza de poder hacer un buen negocio, de lograr placer a través de su engranaje insensible. Y si no podemos amar, nos henchiremos de fornicar. Embonar mejor o peor. Pene y vulva embonan. Los corazones no embonan; laten, sienten, explotan.

El sexoterapeuta, experto en consejos matrimoniales, recomienda la "comprensión" entre la pareja, procurando adaptar el uno al otro. Este género de relaciones es una simple lubricación entre dos personas que embonan técnicamente, como émbolo y cilindro de un motor bien afinado.

Todo se compone al mismo tenor. Sexo, motor, pareja. Gracias a este "pseudoamor" uno logra refugiarse de una sensación de soledad que, de otro modo, sería insoportable. Con este pseudoamor se llega a encontrar, a lo más, un abrigo contra la soledad. Una especie de preservativo del verdadero amor. Se constituye una especie de alianza, un pacto, una verdadera simbiosis, no otra cosa que el "te quiero porque te necesito" (Fromm). El precio que se paga por este pseudoamor es la pérdida de la intimidad. El ángel deja paso libre al animal.

SEXUALIDAD Y EROTISMO

LOS ÓRGANOS GENITALES

El hombre

A pesar de que la integridad física es importante, no es esencial para la respuesta sexual humana. Esto lo pueden constatar los individuos discapacitados por parálisis totales o parciales, quienes siguen disfrutando del sexo a través de la evocación de los recuerdos, de experiencias sexuales o fantasías. Sin embargo, los genitales tienen una función específica en la sexualidad. Los testículos, producen hormonas masculinas y esperma. Las hormonas son liberadas en la corriente sanguínea, donde circulan hasta llegar a los órganos específicos e influyen en el desarrollo de los músculos, tono de voz, pelo y crecimiento óseo. También aseguran el funcionamiento de otras estructuras genitales internas, como la próstata, las vesículas seminales; las hormonas son también responsables del crecimiento del pene y escroto y muchos otros procesos metabólicos y fisioquímicos.

Otras estructuras como el epidídimo y los vasos deferentes intervienen en la producción y transporte del esperma dentro del cuerpo. La próstata y vesículas seminales producen el líquido seminal que es descargado junto con el esperma durante la eyaculación. La glándula de Cowper, situada en la base del pene, produce un líquido claro durante la excitación sexual, antes de la eyaculación. La uretra va de la vejiga a través del pene y el líquido seminal (o semen), así como el líquido de la glándula de Cowper, emplean este canal para salir al exterior.

El pene se compone de la uretra y de varios cilindros de células complejas (los cuerpos cavernosos y esponjosos), las cuales se llenan de sangre durante la excitación sexual y se vacían al regresar la sangre a la circulación general conforme disminuye la excitación. Este fenómeno más bien hidráulico, ha sido la base de la exitosa comercialización de Sildenafil (Viagra). Así, este compuesto provoca una reacción de dilatación de los vasos sanguíneos incluyendo los genitales, aunque en menor grado, vía la producción del óxido nitroso (NO).

La mujer

En la mujer, los ovarios, al igual que los testículos, producen hormonas y células germinales denominados óvulos. Las hormonas femeninas, producidas en forma cíclica, influyen en las características morfológicas como la distribución de grasa en el cuerpo, la distribución del pelo y el funcionamiento de otras estructuras sexuales. Los óvulos llegan al útero atravesando las trompas de Falopio.

El útero, o matriz, no es esencial para el funcionamiento sexual, pero si para la reproducción. El cérvix es un anillo de tejido muscular y se localiza entre el útero y la vagina. La vagina es un canal hacia el exterior, cuyas paredes se tocan entre sí. No hay glándulas en las paredes de la vagina; la lubricación producida durante la excitación sexual proviene del líquido exudado en las paredes de la vagina como resultado de la dilatación de los vasos sanguíneos. Arriba está la uretra, que lleva la orina de la vejiga hacia el exterior.

Un poco más hacia el vientre se halla el clítoris, del cual sólo una pequeña parte sale al exterior. El clítoris es la estructura más sensible del cuerpo femenino, se desarrolla a partir de tejidos similares a los del pene. También presenta cuerpos cavernosos internos que se llenan de sangre durante la excitación. La pequeña parte sobresaliente del clítoris tiene la punta cubierta parcialmente por un capuchón de piel semejante al del pene no circuncidado. Rodeando la vagina y la uretra hay dos pliegues conocidos como labios menores. Alrededor de ellos y del clítoris hay otros dos conocidos como labios mayores, los cuales están cubiertos de pelo púbico. Estos labios tienen un tejido muy similar al del escroto.

Todas estas estructuras genitales tienen la capacidad de llevar mensajes sensoriales al cerebro y de responder a ellos con varios cambios vasculares y musculares, así como de responder a mensajes provenientes del mismo. La estimulación directa de los genitales suele causar excitación, aún cuando la influencia principal en la respuesta genital proviene del cerebro.

EROTISMO Y LOS ORGASMOS SEXUALES NO GENITALES

No puedo
Ni podré jamás
Suavizar con flores
El vientre cálido
Que a mi cuerpo trémulo
Convirtió en naufragio

Robert Mendoza Zepeda

Cuando pensamos en los órganos genitales nos remitimos inmediatamente al pene, al clítoris y a la vagina. Sin embargo, los ojos, oídos, piel, cabello, lengua y nariz, desempeñan un papel importante en la respuesta sexual. Así, la experiencia de haber sido excitados sexualmente por alguna frase en particular o por ciertos olores corporales o perfumes o bien por algún tipo específico de caricias. Estos acontecimientos inicialmente no producen efecto alguno y adquieren su capacidad para estimular la sensibilidad sexual a través del aprendizaje. Una persona puede hallar excitante una actividad o un pensamiento particular, en parte por ser un estimulante aceptado por su cultura, y porque su respuesta es alentada socialmente. O quizá las sensaciones sexuales excitadas originalmente por el estimulo directo sobre los genitales se asocia con un olor en particular, una frase apasionada o la forma del cuerpo en la historia particular de un individuo.

Es difícil y entender los orígenes de las preferencias respecto de la excitación sexual no genital. Para algunas personas resulta estimulante un beso en el cuello, mientras que para otras puede producir cosquillas. Ocasionalmente hay personas que no sólo responden positivamente a ciertos elementos, sino que les es indispensable un olor particular, de un objeto visual o de que se diga una frase particular, pues de otra manera su capacidad para dar una respuesta sexual se pierde completamente. Tales personas dependen de sus preferencias, y la falta de flexibilidad en sus respuestas puede representar un problema sexual.

Muchos individuos rechazan el aspecto erótico de la sexualidad y prefieren destacar exclusivamente la función genital. Para estos individuos, disfrutar de las caricias, sabores y olores es señal de perversión o pecado. Las culturas donde todas las formas de la sexualidad se hallan rígidamente restringidas o inhibidas son aquellas en las que se muestran menos formas de actividad sexual no genital. No obstante, todos los individuos tienen la capacidad fisiológica para responder eróticamente a las caricias no genitales si las condiciones de su aprendizaje son favorables.

EL DESEO SEXUAL

Estoy cansado de escribir poemas de amor
Estoy cansado de que los devoren
Los ojos impávidos del tedio
Estoy cansado de sumirlos en sueños inciertos
Condenados a la fatal tarea
De irme deshojando de vida
Y estoy harto de saber que miento
De cerrar los ojos cuando estoy despierto
De mirar un mundo de estúpida ironía
De visitar caras alegres que son tristes
Estoy cansado de todo
Y también de mí.

Roberto Mendoza Zepeda

Las hormonas son substancias producidas en una parte del cuerpo que circulan a través de la sangre y tienen efectos en las células lejanas a su punto de origen. Las conocidas como sexuales, son determinantes para el deseo sexual, sin embargo, en el humano, no es el único factor que lo despierta. Esta es una diferencia radical entre el hombre y el animal, ya que en este último si se puede inducir artificialmente el celo. Mientras que en el animal todo inicia y acaba en los genitales, en el hombre el deseo nace en el cerebro. Así el erotismo tiene su origen en la mente y se resuelve en el alma.

ENCUENTRO VIRGINAL

Aunque no lo creas
Eres pétalos de rosa
Densos labios carmesí
Y el perfume de la prosa

Roberto Mendoza Zepeda

El cerebro tiene una función vital, tanto en la parte interna de la sexualidad sensaciones y sentimientos como en la externa a través de la excitación física, respuesta emocional y comportamiento sexual.

Las personas tienen sensaciones en el cuerpo porque sus nervios reciben mensajes de diversas partes y los transmiten al cerebro. Allí, esos mensajes se integran a la información proveniente de los recuerdos y pueden ser de tipo sexual, placentero o amoroso y provocar entonces las respuestas sexuales apropiadas.

Tales respuestas incluyen cambios en el cuerpo y en los órganos genitales, en el flujo sanguíneo, en el ritmo cardiaco y en la tensión muscular.

El cerebro no envía estos mensajes excitadores si el individuo se encuentra nervioso o distraído, inclusive si se presenta una vigorosa estimulación genital. Así, en un sentido muy real, el cerebro es el principal órgano sexual del cuerpo.

TÉCNICAS SEXUALES

Masturbación

Muchas personas tienen sus primeras experiencias con la excitación y el orgasmo a través de la masturbación. La mayoría descubre un método efectivo de estimulación y posteriormente lo utiliza en forma exclusiva. Como la excitación sexual se puede condicionar fácilmente, los individuos con una rutina invariable pueden tener problemas para transferir su capacidad de respuesta a las técnicas de estimulación de la otra persona. Por lo tanto, es importante ampliar el tipo de caricias para las cuales hay respuesta.

Quizá por la menor accesibilidad de sus genitales, las mujeres utilizan una mayor variedad de técnicas que los hombres. Ambos sexos usan con más frecuencia la estimulación de los genitales mediante las manos, pero así mismo, es común presionar una pierna con la otra, derramar un chorro de agua sobre los genitales o moverse rítmicamente contra un objeto. Muchas personas emplean fantasías o elementos visuales para aumentar su excitación al masturbarse. Las mujeres a menudo estimulan el área del clítoris empleando saliva o líquidos vaginales que reducen las molestias del frotamiento. Con menor frecuencia se introducen en la vagina los dedos u objetos irrompibles para una mejor estimulación. Los hombres generalmente mueven hacia arriba y hacia abajo la piel sobrante del pene. Acariciando algunas veces el glande y sosteniendo el escroto.

Si la meta es excitarse y obtener una satisfacción mutua, las técnicas para hacer el amor son casi ilimitadas. Pueden incluir actividades con las manos, la boca, los genitales, el área anal y los senos. Un descubrimiento importante de muchas personas es que excitar a su pareja también los excita a ellos, lo cual contrarresta la idea errónea de que lo más excitante es ser estimulado.

Conviene saber que las erecciones y la lubricación vaginal tienen una actividad prolongada y que si la estimulación continúa se logrará nuevamente la excitación total. Asimismo, es importante saber que la vagina de una mujer debe estar lubricada antes de poder aceptar el pene con comodidad. Cuanto más profunda sea la penetración más agudo será el ángulo de las piernas de la mujer en relación con su cuerpo.

En la penetración anal, debido a la estructura epitelial de esta región, la hace vulnerable a la transmisión sexual del VIH, ya que si el ano no es bien lubricado previamente y la penetración no se lleva a cabo en forma lenta, el coito anal puede producir daño y fisuras por donde puede penetrar el virus. Además las bacterias del recto pueden ser perjudiciales para la vagina, de manera que el pene debe estar limpio antes de penetrarlo en la actividad oral y genital.

Algunas mujeres tragan lo eyaculado lo cual, no es perjudicial y en su mayor parte contiene proteínas y aminoácidos. No hay un tiempo promedio entre la penetración y el orgasmo, esto depende siempre de cada pareja y su circunstancia.

COMUNICACIÓN SEXUAL

Es difícil dar un consejo adecuado sobre las técnicas para hacer el amor, debido a la variabilidad individual. Nadie puede adivinar el pensamiento del otro, por ello resulta esencial comunicarse entre sí en lo relativo a su funcionamiento sexual.

La comunicación es por esencia reciproca y no siempre es verbal, algunas de las señales más eficaces se pueden dar guiando las manos del compañero. Los cambios de posición y algunos gemidos expresivos también se pueden emplear como señales. Una barrera muy importante, entre las personas con problemas sexuales, es su incapacidad para escuchar lo que el compañero desea expresar Todo el conocimiento acerca de la excitación y funcionamiento sexual, detallado en gran variedad de textos, resulta inútil sin la comunicación.

Muchos problemas sexuales se crean por desinformación sobre los procesos de la respuesta sexual y la gama de diferencias individuales. La educación es indispensable para resolver los problemas sexuales. Por ejemplo, la información relativa a la importancia del clítoris, como la estructura más sensible, a menudo conduce a útiles cambios en las técnicas y en la actitud asumida ante las caricias orales o manuales.

También es necesario saber que, al avanzar la edad, el tiempo de erección se reduce pero no impide erecciones completas. La información comercial acerca de productos que alivian la disfunción sexual ha exagerado la prevalecía de estos trastornos asumiendo que dichos retardos de erección propios de la edad son patologías de la respuesta sexual del varón.

PENE PEQUEÑO

Muchos hombres se preocupan de que su pene sea demasiado pequeño para proporcionar una estimulación y un placer adecuados. Tales preocupaciones desaparecen cuando aprenden que, según las investigaciones de Masters y Johnson los penes de mayor tamaño crecen menos durante la misma y que los de menor tamaño en estado de erección crecen más proporcionalmente durante la erección. También muchas mujeres afirman sentir más incomodidades con un pene demasiado grande que insatisfacción con uno pequeño. Además hay posturas que pueden maximizar la profundidad de la penetración, variedades de caricias que se deben explorar para mejorar la respuesta sexual.

Una importante fuente de información equivocada se relaciona con lo que se considera normal en términos de la frecuencia de la actividad sexual, las técnicas empleadas, la presencia de fantasías, las diferencias entre hombre y mujer, y lo que se define como prácticas no convencionales como el coito anal o hacer el amor en lugares extraños. El sentimiento de culpa y temor, asociados con el deseo de realizar actividades sexuales no convencionales, probablemente hace más daño que los actos mismos.

Las diferencias culturales respecto de la definición de lo normal son enormes por lo que el famoso refrán que dice "en el amor todo se vale" por lo que cada quién debe construir su propia novela (inédita) día a día, "...golpe a golpe / verso a verso..." como cantaría Machado.

SEXOTERAPIA

Es necesario sentirse libres para experimentar la sexualidad hasta encontrar una fórmula adecuada. Su indecisión en cuanto a la comunicación de las necesidades sexuales y la satisfacción activa de sus deseos, a menudo requiere la intervención del sexo terapeuta quien asume el rol del padre permisivo. Muchas de las actividades prohibidas por los padres como hablar de sexo o masturbarse se reintroducen durante el tratamiento con el "nuevo" padre: el terapeuta, quien si permite la experimentación. A veces, la creciente comodidad que se siente al experimentar permitirá a la persona curarse a sí misma en un breve lapso.

Otro tipo de permiso incluye una actitud psicológica más que una forma particular de comportamiento en sí. Los sexos terapeutas suelen destacar más la necesidad de atender a las propias sensaciones como parte de los hábitos sexuales cambiantes y ésta, en cierto sentido, es una forma de permitir el egoísmo. Esto resulta difícil para algunas personas.

Durante el tratamiento de los problemas sexuales, cada individuo debe llegar a comprender de manera general, y respecto de su propia situación en particular, cómo la ansiedad disminuye la respuesta sexual. Al eliminar los elementos que la provocan, el tratamiento conduce al establecimiento de una situación erótica. Por lo general, el sexo terapeuta insistirá en que las parejas eviten el coito durante varias semanas para eliminar las expectativas exigentes de la situación y permitir el desarrollo de hábitos sin ansiedad.

El tratamiento de los problemas sexuales casi siempre incluye la asignación de una "tarea para el hogar" que la pareja lleva a cabo entre cada sesión de análisis con el terapeuta. La primera tarea suele requerir que la pareja se turne al acariciar todo su cuerpo, con excepción de los genitales. El propósito de esta tarea es que la pareja disminuya la presión para actuar y se reduzca así la ansiedad. También sirve para animar a la pareja a comunicarse que considera más y menos placentero de las caricias. Este es con frecuencia el primer intento de la pareja respecto del incremento en su comunicación sexual.

La tarea ayuda cada vez más a identificar los tipos de caricias y las áreas del cuerpo particularmente sensibles. Esto sirve para incrementar el conocimiento de sí mismos.

Un propósito menos obvio de esta tarea a menudo se manifiesta cuando la pareja regresa a la oficina del terapeuta y admite no haberla completado.

El estudio revela entonces las formas en que una o ambas personas evitan tener la comunicación efectiva, el placer y cómo se provocan ansiedad entre sí. Estas sesiones, fallidas suelen ser las más ilustrativas, pues revelan cómo la pareja preserva los problemas sexuales. Se le asignan otras tareas que se cumplen o se resisten, y cada nuevo fracaso ayuda a comprender cómo surge la ansiedad en el funcionamiento particular de la pareja.

Cuando se describen por primera vez las tareas a los pacientes, estos suelen reaccionar con impaciencia y escepticismo acerca de la simplicidad de dichos ejercicios "tipo masaje" servirán de algo para aliviar su problemático funcionamiento.

Y de hecho, si la pareja cumple fácil y completamente las instrucciones, resulta dudoso que sus problemas se resuelvan. El hecho es, sin embargo, que las parejas en tratamiento se las arreglan para evitar, la mayoría de las veces, cumplir con las tareas, y es la discusión acerca de su resistencia y las razones para ella, lo que constituye el meollo de la terapia sexual.

LAS TÉCNICAS ESPECÍFICAS

Masters y Johnson, identificaron técnicas que pueden resolver problemas sexuales específicos. Mejorar la comunicación e incrementar la experimentación son las más útiles, algunas veces también pueden serlo algunos ejercicios. Uno de los más famosos se creó para el tratamiento de la eyaculación prematura. Por ejemplo, si un hombre eyacula antes de desearlo, no está prestando la atención suficiente a las sensaciones que ocurren inmediatamente antes del orgasmo. Se le dice cómo prestar atención a su cada vez más mayor excitación y a informar a su pareja cuándo se siente próximo a eyacular. Ella cesará entonces la estimulación y permitirá que su erección disminuya por unos segundos. Reiniciarán entones las caricias para suspenderlas nuevamente cuando se sienta que va a presentarse el orgasmo. Varias repeticiones de esto en una sola sesión, repetido unas doce o más ocasiones separadas, da como resultado la capacidad para prolongar la erección y retener el orgasmo.

Hay otra técnica útil para las mujeres que pueden experimentar el orgasmo durante la masturbación pero no durante el coito. Primero, la mujer muestra a su pareja cómo estimular su vulva para producir una intensa excitación y el orgasmo. Luego, su compañero aprende a duplicar esta estimulación manual. Después, tanto él como ella proporcionan este tipo de estimulación durante el coito. Tras de varias repeticiones, la estimulación manual decrece paulatinamente. Muchas mujeres descubren no poder alcanzar el orgasmo solamente durante la penetración y requieren de cierta estimulación directa en el clítoris para llegar a él.

Una técnica para los hombres con dificultades en la erección consiste en lo siguiente: Primero, se prohíbe a la pareja tener relaciones sexuales y se le anima a acariciarse eróticamente a menudo. Normalmente el hombre comienza a lograr la erección durante esta actividad aún cuando, al pensar en el coito, la erección disminuye. El incremento en su confianza le permitirá lograr la penetración. Nuevamente, para reforzar la idea de que la erección retornará si la estimulación continúa, se le recomienda entrar y salir, repetidamente, dándose tiempo para notar los cambios en su erección.

Durante el tratamiento se sugieren muchas otras cosas. Algunos problemas se superan mediante la orientación y el otorgamiento de permiso y que parecen reflejar la restricción de oportunidades para experimentar. Sin embargo, otros problemas, tal vez la mayoría, en las parejas que han tenido relaciones o están casados desde hace mucho tiempo, implican hábitos difíciles de romper y motivos muy complejos. No obstante, el objetivo de obtener un intenso placer físico y emocional, e intimidad, puede ser muy importante para las personas, y el compromiso de luchar por alcanzarlo siempre será de alguna manera exitoso. La existencia de tratamientos específicos para los problemas sexuales es reciente y en el futuro podemos esperar muchos cambios en la manera de considerar y tratar dichas dificultades.

TRATAMIENTO FARMACOLÓGICO DE LA DISFUNCIÓN SEXUAL

Además de polvo de estrellas
Eres destellos de Dios
Que a mi oscuro camino
Iluminas incesantemente

Roberto Mendoza Zepeda

Diversas clínicas de salud sexual estudian la forma de resolver con medicamentos el problema de la disfunción sexual y lo que es más general el deseo sexual y garantizar el placer sexual. Así, se estudia también en mujeres el efecto de Viagra, del Cialis y muchos otros medicamentos que han hecho posible un nuevo despertar sexual en millones de varones alrededor del mundo.

El gran interés que la industria farmacéutica a mostrado es el capitulo de la sexualidad humana reside en el hecho de las fabulosas ganancias de dichos compuestos generan, que son del orden de millones de dólares anuales. Del mismo modo que el Sildenafil, el ingrediente activo del Viagra, comenzó su vida como un agente vasodilataor util en el tratamiento de la hipertensión arterial y la angina de pecho, varios de los nuevos estimulantes fueron descubiertos por serendipia. En el caso del Viagra, los investigadores comprendieron que las frecuentes erecciones reportadas por los voluntarios de los estudios clínicos constituían un efecto colateral del medicamento mucho más capitalizable económicamente que sus propiedades terapéuticas cardiovasculares.

Algunas de las nuevas terapias que se están ensayando tienen, como el vinagra, un efecto vasodilatador. Todas buscan el mismo resultado final de incrementar el flujo sanguíneo en los genitales. Por ello se cree que estos vasodilatadores funcionan en el tejido del clítoris al igual que en el pene. Cada compañía farmacéutica empeñada en lograr un nuevo vasodilatador se está esforzando por superar al Viagra. En algunos países de Centroamérica hay encontrado modificaciones farmacéuticas como geles, cremas o supositorios, que al parecer funcionan en la mujer. Habrá que estudiarlo...

La apomorfina, otro vasodilatador utilizado durante años para tratar temblores causados por el mal de Parkinson, mejoran también las erecciones. La apomorfina actúa sobre el sistema nervioso central, ayudando a enviar impulsos eléctricos desde el hipotálamo, a través de la médula espinal, para aumentar la circulación sanguínea en los genitales.

Uprima, una tableta a base de apomorfina, resultó efectiva para 40 a 60 % de los hombres que la probaron. Se coloca bajo la lengua y comienza a funcionar en 15 ó 20 minutos, sin embargo provoca náuseas. El uso combinado del Viagra y Uprima logra alcanzar una tasa de eficacia hasta del 80 por ciento.

Los vasodilatadores como el Viagra, Cialis, Levitra, entre otros, restauran las funciones físicas pero no generan el deseo sexual. Eso es una tarea más bien hormonal y en especial de la testosterona, hormona masculina por excelencia, que sin embargo incrementa tanto la libido masculina como femenina.

Así, en aquellos casos donde se obliga el uso de estrógenos como en la menopausia o en la terapia de reemplazo hormonal, se han agregado derivados de testosterona con buenos resultados en cuanto al incremento de la libido y el goce sexual femenino.

Sin embargo los efectos adversos de la testosterona pueden limitar su uso ya que puede aumentar los riesgos de enfermedades cardiacas, acné, hirsutismo o cambiarles el tono de la voz que en el caso de las mujeres son efectos muy negativos. En el hombre, además se agrega el posible efecto carcinogénico prostático.

Recientemente se ha descrito un compuesto derivado de la melanina (proteína responsable de la pigmentación de la piel) que tiene propiedades erógenas. La inyección de este compuesto en animales de experimentación provoca erecciones en el macho y la adopción de posiciones copulativas en la hembra.

La aplicación en el humano causa erección aunque no haya excitación sexual por lo que ha dado buenos resultados en varones con disfunción sexual. Si bien en la actualidad contamos con fármacos para tratar la disfunción sexual, algunos especialistas no están de acuerdo con su uso ya que consideran que no se trata de medicamentar, sino de mejorar nuestra comprensión de la sexualidad humana ya que no pueden utilizarse para resolver problemas de fondo como revelaciones abusivas o trastornos de imagen físicas, dificultades en la comunicación y sobre todo falta de amor en la pareja.

ANTROPOLOGÍA DE LA HOMOSEXUALIDAD

Entre Lesbos y Eros sólo una línea intangible los separa,
El amor es un arcoíris,
¿Por qué limitarlo a un color?
Así lo dijo Joyce
Así lo entiendo,
Comprendo y respeto

Roberto Mendoza Zepeda

Todavía ayer, el homosexual era considerado hombre nefando. Infeliz y avergonzado escondía sus verdaderos afectos por creer que eran defectos. El propio Guide llegó a decir que había nacido con la "carne manchada", y con esta conciencia de culpa decidió consultar a un médico para someterse a un tratamiento de purificación. Algo que pudiera limpiar su "mancha" y volverlo a la normalidad.

De nada le sirvió. El médico, armado con la supina ignorancia de la época, le aconsejó matrimonio afirmando categóricamente que tras la primera noche de himeneo quedaría definitivamente resuelto su problema. El fracaso fue tan rotundo que Guide empezó a pensar por cuenta propia... y acabó escribiendo *Cordón*.

Si nos atenemos a lo que hemos dicho, la "instancia" del homosexual se elabora a partir de sujetos del mismo sexo; ¡qué le vamos a hacer! Esto quiere decir que el misterio que motiva sus apetencias afectivas sólo se fragua sobre personas del mismo sexo. Esto no se puede cuestionar. A nadie se le puede discutir el color que más le guste.

Sólo uno sabe de dónde arranca su motivación sentimental. Sólo uno puede decidir qué "es" lo que lo dispara en sus preferencias afectivas. Sólo uno oye el son de sus pulsiones. Porque la pulsión no pide permiso. Sale cuando quiere, sin esperar a ser convocada. La pulsión es la fuerza misteriosa que nos *impulsa*... por esto se llama "pulsión". Con esto queda dicho todo lo concerniente a la instancia o inicio de esta situación vital.

Si ahora que la resolución (como el "placer" orgásmico), también se alcanza a su modo y este modo es homosexual, nadie podrá discutir tampoco el modo personal de resolver las pulsiones. Sobre todo si se añade que entre los homosexuales se cosechan testimonios de la talla de Sócrates, Platón, Guide, Proust, Oscar Wilde, Julio César, Miguel Ángel, Apuleyo, Suetonio, Trajano, Alejandro el Magno... Cómo decir a estos gigantes lo que "debe" motivar sus pulsiones y la calidad de su placentera resolución. ¿Quién puede meterse en los "gustos" del vecino?

Gide

El mundo cambia de generación. Hoy es lícito lo que mañana será ilícito, y al revés. Es así que en la "Regla Pastoral" que en su día pronunció Gregorio el Grande se advertía a las parejas normales que no debían mancillar el acto sexual con el "placer" porque el placer durante el coito "trasgrede el sacramento del matrimonio". Ahora esto suena a trasnochado, pero no es así. Y las cosas son como son. Todavía más, las "ultimidades" que señaló la iglesia católica a sus feligreses hasta hace poco, eran tres: "Mundo, demonio y carne".

No es momento para hacer el balance de la época freudiana. Sí lo es, en cambio, para señalar que a pesar de la liberación sexual, el capítulo del homosexualismo quedó olvidado. El propio Freud aludía a él como una "perversión" de la sexualidad. Para Freud la pareja sólo era fisiológica si se ejercía entre macho y hembra. Es decir, la heterosexual. Todo lo demás es conducta "*contra natura*".

Por su parte, Gide escribe *Corydon* y allí explica que el espectro de la sexualidad es más amplio y rico que el de la reproducción. Y añade: "Condenar el sexo a la "reproducción" es como reducir el arco iris a un solo color. Por cierto, el menos brillante…por lo que concierne al placer". Ni todo el hombre se reduce a la vida sexual, ni todo el sexo se reduce a la "reproducción". Gide encuentra la defensa del homosexual afirmando que este hombre puede y debe tener cualidades humanas como todo un hombre.

Su virilidad debe reflejarse en el trabajo, en el arte y en el capítulo de los valores, cualesquiera que sean éstos. Un homosexual puede y debe cumplir en todos los frentes, sean profesionales, religiosos o sentimentales. Cada persona se realiza. Debe realizarse. Lo hará bien o mal según sean sus facultades. Con tropiezos o sin ellos, pero lo que hay que entender es que el homosexual también tiene que realizarse.

La dignidad de cada quien y los problemas de cada cual surgen parejos para todo el mundo, sea heterosexual u homosexual. Debe aceptarse que lo fundamental es realizarse y que lo accidental son los tropiezos que ocurren en el proceso de la realización.

MÁS ALLÁ DE LA VIDA SEXUAL

Entre el ángel y la bestia,
La vida existe
Y la felicidad humana
Como derecho, no debe limitarse
La vida plena
Vale más que nada

Roberto Mendoza Zepeda

La fibra del hombre que se trenza ajustando clavijas que traducen su responsabilidad en todos los frentes: social, profesional, económico... Al margen de los genitales y del sexo hay todo un panorama vivencial de salud, trabajo, arte, religión, civismo... que todos deben cumplir dignamente.

El caso es que hay testimonios de cirujanos, literatos, religiosos, políticos, todos de alto nivel profesional, de los cuales incidentalmente se llega a conocer su homosexualidad. Si es cierto que estos homosexuales cumplen cabalmente en todos los frentes del comportamiento humano, tenemos la obligación de respetar su privacía, porque la alcoba del hombre no forma parte de la vida pública del ciudadano.

BASES BIOLÓGICAS DE LA HOMOSEXUALIDAD

¿Por qué buscar y tratar de explicar lo inexorable?
La diferencia hace la diversidad biológica.
Nadie puede juzgar,
Sólo Dios.
Él nos ama como somos.

Roberto Mendoza Zepeda

La sexualidad humana es diversa, por ello, la orientación sexual puede encaminarse hacia individuos del sexo opuesto (heterosexualidad), del mismo sexo (homosexualidad), o alguna combinación de ambos (bisexualidad). Dentro de estas tres categorías los individuos difieren significativamente en cuanto a actividades de su preferencia, así como en los papeles que deciden desempeñar.

Estas diferencias son particularmente evidentes entre homosexuales masculinos y lesbianas. Algunos de los términos que se utilizan para definir estas actividades son: activo-pasivo, macho-afeminado, entre otros. Muchos hombres homosexuales afeminados a menudo prefieren el papel receptivo en la relación anal; otros, son puramente masculinos y sólo adoptan la conducta insertiva o activa en la relación anal, incluso muchos de ellos no se consideran homosexuales.

No obstante, el papel sexual de preferencia en lo absoluto predice la conducta general del individuo. Cabe mencionar que muchas prácticas homosexuales no involucran características típicamente masculinas o femeninas e intercambian papeles sexuales incluso con una misma pareja

137

Hace más de cincuenta años que Alfred Kinsey en Estados Unidos, estudió la distribución de la heterosexualidad, homosexualidad y bisexualidad entrevistando a muchos miles de hombres y mujeres acerca de aspectos diversos de su vida sexual. Kinsey calculó que más de la tercera parte de la población masculina había tenido al menos una relación homosexual que culminó en orgasmo; uno de cada diez era exclusivamente homosexual al menos durante tres años consecutivos.

En cuanto a las mujeres el estudio de Kinsey mostró que aproximadamente una de cada diez tuvieron una experiencia homosexual hasta llegar al orgasmo después de la adolescencia. El espectro de orientación sexual propuesto por Kinsey abarca de la homosexualidad absoluta a la completa heterosexualidad. La gran mayoría de los individuos se localiza en las diferentes categorías intermedias.

El trabajo de Kinsey ha sido duramente atacado no sólo por grupos conservadores (tanto que la Fundación Rockefeller le quitó el subsidio de investigación) sino también por científicos quienes critican su diseño de investigación. Nuevos estudios con técnicas de muestreo más rigurosas han demostrado prevalencias de homosexualidad de 4 a 5% en la población masculina y de 2 a 4% en la población femenina.

EXPLICACIONES FREUDIANAS

Freud, con todo mi respeto,
Nunca pudo explicar el amor.
Busco en las entrañas del sexo
Y todo lo redujo al mismo
Cuando, vale más el amor
Que embonar bien lubricados
Todos tenemos razón,
Pero nadie la tiene toda.

Roberto Mendoza Zepeda

Sigmund Freud propuso que la homosexualidad masculina era el resultado de una falla en el rompimiento natural del intenso nexo sexual formado entre el niño y su madre; como consecuencia, el niño se identifica con ella y busca restablecer (esta vez asumiendo su papel) la relación existente entre ambos. Las causas que podrían subyacer a esta falla en la separación, de acuerdo con Freud, podrían ser la relación estrecha que la madre desarrolla con el niño, así como la hostilidad, debilidad o ausencia del padre, los celos de los hermanos y otros factores.

Freud señaló que las relaciones sexuales anales (una práctica común, más no universal entre los homosexuales masculinos) confirmaban esta falla en la separación, ya que, de acuerdo con sus propuestas, todos los niños pasan por una fase anal antes que la sexualidad se centre en los genitales. Con respecto a la homosexualidad en mujeres, Freud expuso una imagen en espejo de aquella propuesta para explicar la homosexualidad masculina.

Freud entendía la heterosexualidad como la condición normal y la homosexualidad como un estado patológico. Esta postura contrarrestó la influencia de Ellis y Hirschfeld, pioneros en el estudio de la biología de la homosexualidad y quienes a principios del siglo XX propusieron que la homosexualidad era un aspecto normal de la naturaleza humana. Sin embargo, el concebirla como una enfermedad es mejor que considerarla un crimen o un pecado; no obstante, éste criterio ha hecho que miles de homosexuales masculinos se hayan sometido a psicoanálisis choques eléctricos, cirugías cerebrales, sin resultados positivos pero con gran daño a su condición humana.

Antecedentes familiares

Richard Pillard y Michel Bailey, señalaron recientemente que la homosexualidad se presenta como un rasgo familiar. Muchos homosexuales masculinos o lesbianas tienen al menos un hermano o hermana o algún pariente cercano homosexual. De acuerdo con datos estadísticos, el hecho de tener un hermano homosexual aumenta las probabilidades de ser homosexual.

Alrededor de una cuarta parte de todos los hermanos de homosexuales son también homosexuales; mientras que en la población general, el índice de homosexualidad masculina es de 5%. También, cerca de 15% de las hermanas de lesbianas son homosexuales, cifra superior al de la población general. Se ha observado que la mayor prevalencia de varones homosexuales ocurre entre aquellos que tienen antecedentes de primos o tíos maternos también homosexuales.

Esto hace pensar que alguna información contenida en el cromosoma X (heredado de la madre) podría contener información que predispone a una orientación homosexual. Para demostrar la hipótesis de contar con parientes homosexuales por la línea materna con mayor probabilidad que por la paterna, se han hecho análisis con marcadores genéticos, mismos que han evidenciado una secuencia particular de cinco marcadores genéticos localizada al final del brazo largo del cromosoma X en una región llamada Xq28. Así también, los individuos con síndrome de Klinefelter (multisomía del cromosoma X) tienen una probabilidad mayor para tener una orientación homosexual; por supuesto, este síndrome involucra una serie de alteraciones como hipogonadismo que en un momento dado, podrían también influir en la expresión de la orientación homosexual.

La hipótesis genética se fortalece con estudios que demuestran que tener un gemelo monocigótico (idéntico) homosexual incrementa la probabilidad para ser homosexual hasta en 50 a 65%; en tanto que tener un gemelo dicigótico (diferente) homosexual incrementa tal posibilidad en tan sólo 25 a 30%. También, reportaron que 40% de las gemelas monocigóticas de mujeres lesbianas también eran lesbianas, mientras que sólo 16% de las hermanas dicigóticas lesbianas también presentaban esta orientación sexual, según los estudios de Bailey y Banishay.

Características predictivas
Los niños que se desarrollan como heterosexuales tienden a tener una niñez típica en términos de sexualidad; mientras que aquellos que se desarrollan como homosexuales o lesbianas tienden a tener una niñez atípica. Es así que los niños varones que son "delicados", a quienes desagradan los juegos rudos o los deportes y quienes prefieren leer y jugar en interiores se encuentran proclives a desarrollar una orientación homosexual. Así, los niños varones que prefieren la compañía de las niñas, los juegos de muñecas o vestirse como mujer, tienen una probabilidad mayor para desarrollar una orientación homosexual o bisexual, según conclusiones de Richard Green.

Por otra parte, importantes observaciones se han hecho en relación al área preóptica media (APOM), sitio neural que regula la actividad sexual masculina en diversos grupos de animales, incluyendo primates; esta región contiene al menos cuatro grupos neuronales llamados núcleos intersticiales del hipotálamo anterior. Uno de estos núcleos (denominados INAH 3 ("intersticial nucleas of te anterior hipotálamos")) el cual es en promedio más grande en hombres que en mujeres, es también dos a tres veces mayor en hombres heterosexuales que en homosexuales.

Asimismo, se ha observado que la comisura anterior (haz que conecta ambos hemisferios cerebrales), el cual es mayor en mujeres que en hombres, también es más grande en hombres homosexuales que en heterosexuales; de hecho, reportaron que el tamaño de la comisura anterior en homosexuales masculinos es mayor que el observado en mujeres. Esto podría explicar el menor grado de lateralización entre homosexuales, lo cual a su vez explicaría la mayor incidencia de individuos zurdos y ambidiestros entre varones homosexuales y lesbianas.

Otro hallazgo interesante en este sentido es el hecho de que el núcleo supraquiasmático (suprachiasmatic nucleus, SCN) contiene 2.1 veces más células en individuos homosexuales masculinos que en heterosexuales. Se ha observado que el SCN sufre un crecimiento importante (a los niveles detectados en hombres homosexuales) entre los 13 y 16 meses de vida posnatal en todo individuo; posteriormente se presenta una reducción hasta alcanzar el tamaño observado en sujetos heterosexuales. Con esta evidencia se propuso que algunos mecanismos de degeneración neuronal que operan en personas con orientación heterosexual, no lo hacen en individuos homosexuales, es posible que las hormonas esteroideas jueguen un papel importante en este proceso.

Por otra parte, es posible la expresión de la orientación sexual con base en la interacción hormonas sexuales y el cerebro, ya que algunas investigaciones han mostrado que los sujetos homosexuales masculinos responden a la inyección de estrógenos con una secreción de hormona de luteinizante, similar a la que se suscita en las mujeres; en tanto que los individuos heterosexuales no presentan tal respuesta. Esto podría obedecer a que los individuos homosexuales se encontraron expuestos a niveles extraordinariamente bajos de andrógenos durante un periodo crítico de la diferenciación sexual; como resultado, algunos circuitos neuronales hipotalámicos conservaron su sentido hacia la diferenciación femenina, y no hacia la masculina. Entre las causas que podrían producir déficit de la secreción de andrógenos en periodos prenatales se señalan el estrés materno. Así, se ha visto una incidencia mayor de homosexualidad entre hombres nacidos durante épocas particularmente estresantes, como periodos de guerra o de posguerra. Otro factor propuesto para explicar la reducción de los niveles de andrógenos es el abuso de drogas o fármacos durante el embarazo.

En conclusión, podemos decir que existen muchos factores que determinan la preferencia sexual del individuo y la gran mayoría no se conocen todavía. Sin embargo, algunos de esos factores participan desde etapas tempranas del desarrollo, tales como variaciones hormonales o la diferenciación sexual del sistema nervioso central. También se deben considerar alguna influencia ambiental como el estrés materno y las interacciones socios sexuales durante la infancia y la adolescencia. No obstante, los factores que operan en la vida temprana del individuo son mejores candidatos para definir la orientación sexual.

EL PUNTO G Y LA EYACULACIÓN FEMENINA

Además de mucha cosas,
Eres cántaro de luz,
La última gota
En el desierto inmenso.

Roberto Mendoza Zepeda

El estudio de la sexualidad femenina ha estado olvidado durante mucho tiempo, sin embargo, recientemente se ha desatado un gran interés acerca de lo que se le ha llamado la eyaculación femenina, el punto "G" y la posible conexión entre ambos. La eyaculación de las mujeres se refiere a la expulsión de una cantidad notable de líquido en el momento del orgasmo. Este fenómeno ha sido motivo de controversia porque no se presenta de manera regular en todas las mujeres y aunque Aristóteles hizo referencia al hecho, desde entonces se había considerado como un mito.

El punto G se refiere a una zona erógena localizada en la pared anterior de la vagina. Dicha región fue descrita con precisión en 1950 por Grafenberg quien estudiando la pared anterior de la vagina, observó que la uretra femenina parece estar rodeada de tejido eréctil del tipo de los cuerpos cavernosos presentes en el pene. En el curso de la estimulación sexual, dicho tejido crece y se hincha ostensiblemente al final del orgasmo. Esta zona se conoce actualmente como la mancha de Grafenberg o punto "G". Asimismo este investigador observó la relación entre la estimulación del punto "G" y la expulsión orgásmica femenina, de grandes cantidades de líquido transparente proveniente de la uretra, mismo que según Grafenberg era secretado por las glándulas intrauretrales.

Beverly Whipple redescubrió la publicación de Grafenberg y describió la presencia, en voluntarias, de una zona erógena localizada en la pared anterior de la vagina que responde a la estimulación táctil y que corresponde a la mancha de Grafenberg o punto "G". Esta estimulación provoca el orgasmo en muchas mujeres. Al estimularse, el punto "G" aumenta su volumen y se percibe como un área firme de aproximadamente 2 x 1.5 cm y se encontró en todas las mujeres examinadas. Beverly Whipple concluyó que la base anatómica del punto "G" es el tejido glandular periuretral (glándulas de Skene) al que se le denomina próstata femenina.

Sin embargo, los grupos de Goldberg y de Zwi Hoch no encontraron ninguna área o punto específico que presentara tumescencia en respuesta a la estimulación táctil en un grupo de pacientes que se quejaba de no alcanzar el orgasmo durante el coito, pero que llegaban a él por medio de estimulación genital externa. Por su parte, Sevely y Bennett, después de realizar una revisión de la bibliografía, concluyeron que efectivamente algunas mujeres eyaculan y que la fuente de ese eyaculado es la próstata femenina, compuesta por una serie de glándulas y ductos que rodean la uretra femenina y que se originan a partir del mismo tejido embrionario que la próstata masculina. Esta idea ha sido respaldada por varios autores.

Belzer, en 1981, refiere una serie de evidencias e tipo anecdótico que apoyan la idea de la existencia de una emisión de líquidos en mujeres, relacionada con el orgasmo, cuyo origen no es la vejiga y que es seguida de un periodo refractario a la estimulación sexual, similar al que se presenta en el sexo masculino.

En 1981, Addiego y colaboradores reportaron el seguimiento sistemático de un caso de eyaculación femenina en el que se pudo comprobar la emisión de un líquido proveniente del meato uretral, coincidente con un orgasmo, en respuesta a la estimulación digital de la mancha de Grafenberg. El análisis químico del líquido expulsado durante el orgasmo reveló que se trata de una secreción de origen glandular, con una concentración mayor de fosfatasa ácida prostática (PAP) y glucosa y una concentración menor de urea y creatinina que la de orina. La presencia de PAP sugiere que al menos parte de la secreción glandular se origina del tejido prostático, concluyendo que si existe la eyaculación femenina, un homólogo parcial e infértil del eyaculado masculino.

En 1990, Carol Anderson Darling encontraron que sólo el 39.5% de la población femenina examinada reportó haber experimentado una eyaculación al momento del orgasmo. Por otro lado, 65.9% de las encuestadas afirmaron haber percibido un área de sensibilidad particular dentro la vagina (punto "G") que, al ser estimulada, les provoca sensaciones placenteras. El 72.6% de las mujeres que percibieron el punto "G" sostuvo que su estimulación en la fase de excitación sexual las llevaba al orgasmo y 82.3% de las mujeres que experimentaban un orgasmo como resultado de las estimulación del punto "G" aseveraron haber eyaculado.

Pareciera que las mujeres que afirman haber eyaculado presentan una incidencia mayor de orgasmos como respuesta a la estimulación de dicha zona. Se ha sugerido que las mujeres pueden ser capaces de sentir un orgasmo como resultado de la estimulación de la mancha de Grafenberg sin alcanzar tumescencia completa de la vagina; no obstante, la tumescencia total es necesaria para poder experimentar la eyaculación. Este requerimiento de tumescencia vaginal total pudiera ser la explicación de la irregularidad de la aparición del fenómeno eyaculación. Por tanto, si existe una relación directamente proporcional entre el grado de estimulación y el de tumescencia, es posible que todas las mujeres tengan la potencialidad para experimentar eyaculación.

También se ha establecido la correlación entre la intensidad de las contracciones de los músculos pélvicos y la capacidad para eyacular de algunas mujeres. Se ha encontrado que las mujeres eyaculadoras presentan contracciones del músculo pubococcígeo significativamente más intensas que las no eyaculadoras y, lográndose identificar la mancha de Grafenberg en el 90% de ellas, la cual se localiza dentro de la vagina en la posición correspondiente a las 12 horas del reloj.

En fin, se puede decir que una proporción alta de mujeres posee un área erógena en la pared anterior de la vagina, la cual responde a la estimulación táctil. Se puede afirmar que algunas mujeres emiten cantidades apreciables de un fluido durante el orgasmo, pero esto no es un componente regular de la respuesta sexual femenina. Por otra parte, no quedan claros aspectos como la naturaleza y el origen de dicho fluido; sin embargo, todas las evidencias aportadas señalan que no existe relación entre la capacidad eyaculadora y el grado de placer obtenido.

SEXO SIN CONTACTO

El entretenimiento audiovisual

El avance de las tecnologías audiovisuales, redes de comunicación y nuevas formas de entretenimiento ha favorecido la expresión del sexo sin contacto; una nueva forma de estimulación erótica mediada por un soporte electrónico o informático, y de contactos físicos de sexo no directo. Sus formas más comunes son los "cómics" y videos pornográficos, las líneas calientes, discos compactos y videojuegos sexuales por computadora, páginas sexuales en internet y noticieros como "nakednews.com", donde los conductores presentan las noticias completamente desnudos.

También los noticieros más serios del mundo han dedicado gran parte de su emisión a dar detalles de escándalos sexuales del difundido "affaire" Clinton-Lewinsky y en particular del famoso *felatio* que la joven becaria le practicó al presidente más poderosos del mundo, despertando no sólo una morbosa atracción por la vida sexual en la Casa Blanca, sino que también generó serios conflictos políticos y económicos que amenazaron la estabilidad mundial.

Además, aunque todavía poco difundida en nuestro país, la televisión vía satélite, como las cadenas holandesas, británicas o estadounidenses ofrecen una programación erótica. La Tecnología de reproducción de imágenes eróticas ha progresado de forma considerable, ofreciendo escenas sexuales reales para que el espectador proyecte sobre ellas sus fantasías sexuales. Por su parte, la televisión abierta ya comenzó a ser más explícita respecto al sexo; sólo basta encenderla y en poco tiempo las telenovelas mexicanas corroborarán lo anterior,…. ni que decir de las brasileñas.

Los videos musicales también muestran la misma tendencia; así tenemos a Alanís Morissete quien se desnuda en su vídeo; de igual manera, Marylin Manson hace alarde de sus senos postizos. Por su parte, algunas películas, incluso del género de la comedia como "Loco por Mary", se muestran escenas donde el protagonista se masturba e incluso llega a la eyaculación. También, en recientes películas mexicanas como "Y tu mamá también" se muestra además de masturbaciones, eyaculaciones y tríos sexuales y escenas de homosexualismo.

Una de las modalidades que goza de más popularidad, sobre todo entre la población masculina, son los "table dance y los espectáculos de sexo en vivo que en cualquier ciudad del mundo siguen causando euforia, aun sin que se tenga contacto sexual directo. En pocas palabras, todo lo que se refiere a sexo, vende porque vivimos en un mundo "ensexuado" cuyo exponente principal es el elogio a la pornografía.

ELOGIO DE LA PORNOGRAFÍA

Algunos críticos de la sociedad moderna conciben que la vida sexual contemporánea caracterizada por su bestialidad se inicio en los años cincuenta, a consecuencia del derrumbamiento de los patrones morales tradicionales. Así el desarrollo de la vida sexual se ha visto marcada por un proceso de degradación progresiva en el cual la liberación sexual se ha caracterizado por el ansia inagotable de placeres sexuales. Simultáneo al derrumbe de las grandes ideologías ha ocurrido una desaparición paulatina de los tabús facilitando la instauración de la pornografía en todos los ámbitos sociales.

Así el pornófilo moderno ya no necesita ocultarse para acudir a las tiendas sexuales pues el consumo de pornografía se ha vuelto algo tan natural como el de tabaco o alcohol. Hoy en día, no importa hacia donde se mire que ahí encontraremos imágenes eróticas o pornográficas. La razón principal es que el sexo vende, y es el éxito comercial más grande de la historia. La explotación mercantil de las imágenes relativas al cuerpo lo ha convertido en su envoltura más atractiva.

Algunos ejemplos los podemos ver en Estados Unidos, donde se gastaron ocho mil millones de dólares en 1997 en productos pornográficos y donde la producción de videos ha tenido un crecimiento del 500% en la última década. También algunas cadenas hoteleras como el Holiday Inn o Marriot unidas a la televisión por cable (Time Warner) para transmitir películas porno. Así, la pornografía se ha incorporado en la vida cotidiana. Basta encender el televisor para entregarse a los placeres imaginarios. En la actualidad, en la mayoria de los países se pueden adquirir películas porno hasta en los puestos de revistas.

Por su parte el cine comercial contemporáneo ha venido mostrando escenas de desnudo más audaces como se observo en el filme "Basic insfict", donde se hace un "close up" de las piernas abiertas de Saron Stone exhibiendo su vello púbico. También, actores muy conocidos como Kim Basinger y su esposo Alec Baldwin, han protagonizado escenas de coito real. La naturalidad con que se muestran hacen pensar que en un futuro cercano el cine comercial muestre escenas pornográficas con actores conocidos del mundo de Hollywood un ejemplo es el video filmado por una cámara amateur de Pamela Anderson inicialmente robado pero después comercializado por ella misma, en el cual, por primera vez en la historia una figura pública se muestra en actos de felación y coito.

En una palabra, la pornografía es cada día mas aceptada incorporándose cada vez más a la vida cotidiana, aun con su tendencia al exceso, su afán de querer ir cada vez más allá, incluso de los límites anatómicos. Así el cine porno se ha ido haciendo más brutal. La penetración se ha plurificado y ya no es uno sino dos, y hasta tres, los falos que están en juego. El cine porno significa una glorificación del falo, siendo el verdadero protagonista de la película y el cuerpo de la mujer un objeto de tortura. La pornografía es en esencia un goce eminentemente sádico.

Con la normalización de la pornografía, el término "Sex" se ha convertido en el más frecuente en las máquinas de búsqueda, siendo los sitios porno son los que mejor margen de ganancias tienen. El porcentaje de sitios con contendido pornográfico es del trece por ciento de la totalidad de la Red y se estima que cada día surgen doscientos más. Para la industria pornográfica americana, la oferta en Internet constituye el 15% de sus ganancias y tiene casi tanta importancia como su principal fuente de ingresos, la venta de videos. Así, la industria del cabérselo es, sin lugar a dudas la que mayor futuro tiene.

Las parafilias

Algunos estudios han mostrado que la ciberpornografía se caracteriza por el predominio de las llamadas parafilias, es decir, actos sexuales distintos de la sexualidad genital madura descritas por Sade, como juegos con orina y heces, bestialismo. La introducción de objetos extraños, diversos fetichismos, escenas de sadomasoquismo e incesto, entre otros, se han sumado comportamientos sexuales inconcebibles (introducción de la mano o el pie en la vagina o el ano), "shemales" (hombres dotados de senos), falos descomunales, violación multitudinaria, sexo con personas extremadamente obesas, sexo con mutilados, con niños, entre muchas otras. Los pornófilos pueden pagar mensualmente cuotas exorbitantes para tener acceso a dichas páginas, aunque también pueden acceder a páginas de pornografía gratuita.

La pornografía infantil es lo más lamentable de la pornografía contemporánea, miles de fotos y videos de este género circulan en al red. Además de la tragedia personal de esos niños, lo más asombroso es el hecho de que exista un número descomunal de pornófilos dispuestos a consumir ese tipo de imágenes, aun sabiendo que pueden ser condenados hasta quince años de prisión.

Estudios sobre la pornofilia, señala que esta tiene cuatro fases: Primero ocurre la adicción la necesidad de continuar viendo imágenes. Luego la escalación, es decir, necesidad de imágenes cada vez más explícitas, crudas y extrañas, seguida de la desensibilización, que ocurre cuando el material que al principio tenía un efecto impactante y era visto como tabú se vuelve común y aceptado, culminando con el paso a la acción, donde se presenta la tendencia a poner en acto lo visto, en forma de exhibicionismo, sadomasoquismo, sexo grupal, violación o sexo con menores. Prueba de ello lo constituye el incremento de violaciones, asesinatos sexuales incluyendo a niños.

SEXO SIN AMOR

Nada más triste que tener sexo sin amor,
Es como mirar al cielo y no ver las estrellas,
Estar frente a Dios
Y esconder la mirada,
Ser galaxia y preferir ser polvo.
Y sin embargo tan frecuente
Dicen ¡vamos a hacer el amor!

¡Venga! Mi vulva espera húmeda y ansiosa,

Que entre tu falo en mi coño ardiente

¡Para eso está!

Se confunde el sexo y el amor

¡Qué pena que sea así todo siempre!

Siempre de la misma manera,

Como diría León Felipe,

El maravilloso poeta español

¡Qué pena!

Al final la pregunta...

Por cierto

¿Cómo te llamas?

Roberto Mendoza Zepeda

El hombre contemporáneo tiene un alto riesgo de impotencia porque ha perdido el romanticismo y el erotismo. Ha bloqueado el factor sentimental y se está convirtiendo cada vez más en un cuerpo demandante de sexo pero sin amor. El problema se agrava porque al afectarse la esfera del amor, inexorablemente se daña la capacidad de experimentar placer sexual; así, de acuerdo con estudios recientes, cuantas más parejas sexuales se tiene, menor placer sexual se experimenta.

La poliandria y la poligamia son excluyentes del amor. Algunas estadísticas demuestran que más de la mitad de las mujeres modernas no sienten nada en el momento de la penetración. Así, los sexo terapeutas actuales recomiendan que la la pareja se mire a los ojos y en silencio se acaricien y se besen y sólo hasta que experimenten ternura, erotismo y sientan la llama del amor, sólo entonces se llegue a la penetración. En fin, el sexo se apodera del eros cosmogónico de la sociedad actual, quien en su abuso, muestra su soledad, su alineación y su dificultad para relacionarse con los demás y, muy posiblemente, su incapacidad progresiva para amar.

LA TECNOLOGÍA DEL PORNOEROTISMO

La historia de los dispositivos sexuales es muy antigua, desde los falos de hueso de ballena japoneses hasta los condones franceses, pasando por una enorme gama de cinturones de castidad, instrumentos vaginales antiviolaciones, anticonceptivos y productos abortivos. Los falos de madera fueron muy solicitados en la Grecia antigua, al igual que los penes artificiales en la Edad Media entre las mujeres burguesas Europeas del siglo XVIII. Algunos contaban con cámaras internas para agua caliente y otros con funciones mecánicas oscilatorias o vibratorias, otros se embellecían con inserciones de metales preciosos.

Durante la revolución industrial se produjo la esponja anticonceptiva y el primer vibrador vaginal eléctrico, el cual se anunciaba en las revistas femeninas desde 1906. Este se vendía para el tratamiento de la histeria, caracterizada por ansiedad, insomnio, nerviosismo, irritabilidad, pesadez en el abdomen, lubricación vaginal y fantasías eróticas. Un tratado médico de la época explicaba que convenía que el médico diera vigoroso masaje a los genitales, teniendo en mente que las mejores curas debían producir placer y dolor. La función del vibrador era simplificar dicha tarea y no provocar orgasmos a la mujer.

En Estados Unidos a mediados del siglo XIX se culpo a la masturbación de provocar impotencia, ceguera, sordera e incluso la locura, pues se creía que aumentaba la presión intracraneal y dañaba de manera irreparable al sistema nervioso. El infundado temor provocó incluso movimientos nacionales que exigían a los familiares a espiarse mutuamente para desenmascarar a los masturbadores, a quienes se humillaba públicamente, se encerraba en manicomios o bien se castraban. Se inventaron dispositivos para detectar y eliminar erecciones así como para mantener alejadas las manos de las áreas genitales. Paradójicamente muchas de las herramientas de tortura y sometimiento creadas para extinguir el deseo fueron recicladas con fines sadomasoquistas que derivaron en obsesiones fetichistas.

La aparición de la pastilla anticonceptiva en 1959 le confirió a la mujer capacidad de normar su cuerpo y transformar su sexualidad en algo recreativo, controlable y seguro. No podríamos hablar de liberación femenina de no ser por la introducción y popularización de la pastilla anticonceptiva.

Una segunda revolución sexual de proporciones similares tuvo lugar recientemente con la introducción de las sustancias vasodilatadoras que facilitan, la erección a los varones con problemas de disfunción sexual. La historia de esta segunda revolución no fue sencilla, tras dos décadas de experimentar con métodos inseguros y dolorosos como inyecciones en el cuerpo cavernoso del pene en abril de 1998 apareció en el mercado Viagra (sulfato de sildenafil), Cialis (Tadafil) y muchos otros. Estos compuestos estaban originalmente destinados para personas de edad avanzada que sufrían de problemas para alcanzar la erección, pero pronto fue adoptada por otro tipo de usuarios sexualmente saludables que la hicieron el eje de una nueva obsesión fálica, transformándola en la pastilla mágica de la hipervirilidad.

La tecnología también aparece en el territorio de lo sexual en forma de discurso, como texto o imágenes, destinados para servir como intermediarios entre la imaginación y la carne. La tecnología de la escritura, las técnicas de impresión y de reproducción de imágenes han canalizado una infinidad de fantasías eróticas, por lo menos desde el tiempo de los sumerios, quienes hace más de 4000 años plasmaron en escritura cuneiforme poesía cargada de sensualidad en tablillas de barro. A partir de entonces se estableció una relación de dependencia entre las tecnologías de la comunicación y el erotismo. El deseo sexual se transformó en un infatigable motor de la invención y del desarrollo de nuevas y mejores tecnologías. Así, la imprenta, el cine, el video, el CD-ROM e Internet se han desarrollado y perfeccionado en buena medida debido a la fascinación voyeurista que ofrecen y la demanda de que son objeto. Todos estos medios han florecido en su momento en medio de una intensa especulación respecto a su potencial para ofrecer gratificación sexual, a través de la pornografía.

Más que un simple catálogo de actos sexuales posiciones genitales y rostros de éxtasis, la pornografía captura detalles, gestos y símbolos que de alguna manera entran en resonancia con las fantasías del espectador. Para un observador casual la pornografía puede parecer un género monótono y repetitivo; no obstante, los pornógrafos saben que en su negocio la forma es fondo y por lo tanto siempre están buscando nuevos medios, experimentando con discursos, adaptando todo tipo de formatos y probando prototipos para mantener cautivo a un público siempre ansioso de novedades.

La pornografía es un producto de la tecnología y la modernidad. El término pornografía es relativamente reciente ya que entra en uso a fines del siglo XVIII para referirse a los escritos acerca de prostitutas. El erotismo en imágenes y textos existe prácticamente desde hace miles de años, incluso en un tiempo en el que los hombres que no sabían hacer platos ni vasijas útiles, sin embargo, esculpían voluptuosas figurillas femeninas en barro cocido, como la célebre Venus de Willendorf.

Así lo que se busca en la imagen pornográfica es la novedad y la capacidad de sorprendernos. La tecnología es la continua búsqueda e irrefrenable obsesión con lo nuevo y con mejores maneras de hacer las cosas, convirtiendo la tecnología a términos sexuales y la sexualidad en términos tecnológicos. La transexualidad, la extensión del pene, la liposucción, los implantes de senos artificiales o la reconstrucción del himen, son tan sólo unos ejemplos.

Así como la revolución industrial introdujo cientos de dispositivos mecánicos destinados a modificar (mejorar) nuestra relación con el sexo, la revolución digital ha transformado el panorama del erotismo. A través de videocasetera casera, CD-ROM, la tecnología interactiva y el Internet, un espacio que parece hecho a la medida de este género y que ofrece una enorme cantidad de posibilidades para el erotismo: foros de "chat" donde varias personas pueden entablar relaciones eróticas a distancia, MUDs (Dominios Multiusuarios), sitios porno del web que ofrecen imágenes, video y audio porno en todas las especialidades posibles, "newsgroups" en los que los participantes pueden compartir opiniones, fotos, videos, audio y cualquier cosa digitalizables, shows eróticos en los que un cliente puede pedir a una o varias modelos que actúen para él; y webcams que ofrecen imágenes voyeuristas en tiempo real con cámaras que espían gente a veces con su consentimiento y otras de manera clandestina. Si algo puede ser muy revelador es que muchas empresas "dot.com" o empresas de Internet involucradas en la ciberporno están entre las que han sobrevivido al colapso de la Nueva Economía Digital y son de las pocas que producen utilidades.

La pornografía en línea ha transformado el consumo de este género de manera impactante. Si bien el video hizo muy fácil y simple para cualquiera el poder ver una película porno en la seguridad e intimidad del hogar, la red ofrece un espacio privado para interactuar con todo tipo de fantasía erótica, un campo inagotable en el que se funden el sexo y la tecnología. Antes era muy difícil saber siquiera de la existencia de fetiches y prácticas sexuales tan especializadas como la coprofagia, la hierofilia, perforaciones de piel, labios, testículos y penes, o el Bukkake que consiste en chorrear semen al rostro de la mujer, situación en la que participan decenas de hombres. Hoy basta buscar en la computadora para encontrar comunidades y sitios dedicados a toda clase de actos inusuales y extraños.

Se espera que en un futuro cercano se desarrolle la tecnología de los "teledildonics", que consisten en actos sexuales simulados en un entorno de realidad virtual en donde los participantes pueden tener sensaciones físicas. Así, existe la posibilidad de que la imagen llegue a sustituir por completo a lo real, que el cibersexo se convierta en la sexualidad de un futuro postsexual en que los actos sexuales tengan lugar a distancia, a través de la Red. Este fenómeno aunado al de la tendencia de la clonación humana hará obsoleto, para algunos, la copulacion con fines reproductivos.

BASES EVOLUTIVAS DE LA POLIGAMIA

La pulsión sexual

Nuestra pasión por el sexo se debe a que ha jugado un papel fundamental en nuestra historia biológica desde hace millones de años a través de reproducción y de su tendencia natural a mezclar las cosas, como medio obligado para la diversificación genética. Aunque el placer de comer evolucionó mucho antes que el sexual, hasta las formas más primitivas de vida se han visto obligadas a reproducirse sexualmente para sobrevivir. Por ello, durante cientos de millones de años, el imperativo reproductor forzó a los organismos sexuales y los primeros animales a distinguir a sus parejas potenciales entre millones de distractores.

Bases biológicas

Debido a la búsqueda de mayor diversidad genética posible, la naturaleza pudo asegurar la supervivencia. Sólo circunstancias hostiles como la escasez de recursos alimenticios, una crianza difícil han justificado la monogamia en los animales aún cuando el noventa por ciento de las especies animales superiores son polígamas. No es raro entonces que por herencia tendamos a ser polígamos

Durante miles de años, el hombre fue polígamo. Las sociedades que conformaban hace cuatro o cinco millones de años, en poco difería de las que mantienen algunas de las actuales especies de primates, como chimpancés o gorilas, los más cercanos parientes del *Homo sapiens*. Posiblemente el cambio se produjo cuando el "Australopitecos afarensis" decidió bajar de los árboles y colonizó un nuevo ecosistema. Bípedo y completamente adaptado comenzó a recolectar su alimento en lugares distantes y a ausentarse largo tiempo del lugar comunal, lo que favoreció la poligamia

Los machos más grandes y poderosos hacían acopio de hembras en sus harenes, pero también se encargaron de alimentarlas a ellas y a sus hijos con el fruto de sus expediciones alimenticias. En torno suyo medraban, machos de rango inferior, jóvenes y célibes a la fuerza. Todo esto cambió con la incorporación de la carne en el menú de aquella sociedad. Con la aparición de la caza ocurrió la primera revolución sexual de nuestra especie. Conseguir una pieza no era algo sencillo, ni tan siquiera para los más fuertes de los clanes. Fue necesario organizarse y contar con el concurso de todos.

Los machos inferiores pidieron a cambio de su colaboración el acceso a las hembras reivindicando además del alimento correspondiente una mejora de su posición social. De esta manera, todos los machos obtuvieron los favores femeninos. Sin embargo, la necesidad de aportar una comida difícil, de conseguir a las hembras y a su descendencia, limitó el número de bocas que alimentar, dando paso a la necesidad de establecer relaciones monogámicas.

Por otra parte, con la organización poligámica vigente hasta entonces, los machos no podían asegurarse la paternidad de la prole. Tampoco debían distraer sus fuerzas en escaramuzas destinadas a aumentar los harenes particulares. Además de ello, era preciso lograr la atención de las hembras a la vuelta de las expediciones. Por su parte las hembras debían tener garantizado el alimento, tanto para ellas, como para sus hijos. Tal cúmulo de condiciones iba a delimitar necesariamente el número de acompañantes sexuales.

Simultáneamente sucedió algo que desborda el tema de las relaciones de pareja y afecta a la evolución de la propia especie. El cerebro humano aumenta su volumen en más de una tercera parte, multiplicando su capacidad intelectiva y con ello el desarrollo del lenguaje, mayores habilidades manuales y su interés por la cultura. A cambio de estas nuevas facultades, la etapa de crecimiento de las crías y su dependencia de los progenitores se prolonga más que en ninguna otra especie animal, sacrificando así el interés individual por el colectivo. La protección de la descendencia se convierte de esta forma en el motivo fundamental que impulsará el establecimiento de una relación de pareja que acabará formando la base de la sociedad humana actual. Así, contradiciendo a la tendencia evolutiva de la diversidad genética, la monogamia se impuso en la especie humana.

A pesar de todo, las disposiciones genéticas que condicionaron que el hombre fuera infiel durante el largo periodo anterior a todos estos sucesos, han subsistido hasta nuestros días. Aunque no es fácil llevar a la práctica la poligamia y, menos, mantenerla, porque sale muy cara. De casi un millar de culturas estudiadas por etnólogos y antropólogos, por lo menos ocho de cada diez autoriza la poligamia, pero de una manera efectiva sólo la practica el diez por ciento de sus poblaciones. Puede decirse que los condicionantes culturales han sido tan determinantes, que en los últimos tiempos han conseguido ganar la batalla a los genes.

En fin, aunque nuestra carga biológica es similar al de las otras especies animales y la fuerza de los genes nos haga ser polígamos en potencia, los condicionantes sociales recientes a escala paleontológica nos han hecho apagar dicho instinto aprovechando las propiedades evolutivas de la paternidad y la crianza de los hijos haciéndonos vivir en pareja. Así, hoy en día la fidelidad se considera un paradigma del buen comportamiento.

SEXO Y BELLEZA

Siempre deseamos la belleza, no sólo de corazón y de mente, sino también de cuerpo. Por ello la cirugía plástica es algo cada vez más común, y busca realzar las características estáticas faciales y físicas. En el caso de la mujer se buscan ojos grandes, nariz pequeñas, labios carnosos, mandíbula estrecha y barbilla menuda, también cintura pequeña con glúteos y pechos acentuados, todo lo cual, combinado con la edad temprana, contribuyen a representar el punto máximo de fecundidad femenina, provocando el máximo deseo en los varones de su entorno.

En caso de los hombres son fecundos durante la mayor parte de la vida adulta, su grado de atractivo aunque baja después de los treinta años, permanece relativamente alto a medida que aumenta su edad aparente. No es raro que los hombres en su segundo matrimonio busquen mujeres de quince o hasta veinte años menores que ellos. Los sentimientos alrededor de la belleza están excepcionalmente bien sintonizados con la edad de máxima fecundidad en ambos sexos. Por lo general, el patrón del hombre que atrae a las mujeres es de ojos hundidos y pequeños, cejas pobladas, mandíbulas anchas y estatura elevada, cuerpo fuerte y musculoso.

Sin embargo los propósitos de una mujer en la búsqueda de pareja son más complejos que procrear niños con mandíbulas fuertes. El hombre instintivamente busca copular con tantas mujeres como sea posible. En cambio, la mujer piensa en las consecuencias a largo plazo, ya que en buena medida la selección de pareja se relaciona con la seguridad de encontrar ayuda para criar al bebé. El hipermacho, entonces, es a veces visto como agresivo, indiferente, duro y mal candidato para ser padre, y es ahí donde un tipo feo o poco atractivo pero con la posibilidad de proveer alimento y cobijo, puede ganar terreno. Por ello la mujer instintivamente busca al hombre con recursos, estatus o dinero.

Las preferencias femeninas consisten en escoger en primera instancia al más atractivo y mejor pagado, pero después elegirán a aquellos, de físico promedio o hasta chaparros o feos, como cualquier profesionista exitoso e inteligente que por sus recursos sea considerado un buen partido, aún por encima de aquellos muy atractivos pero sin posibilidades económicas.

Los gimnasios se llenan, pero la gente difícilmente cambia. Los flacos y los gordos son percibidos como inadecuados, lo cual les genera angustia, dolor emocional, frustración y consumismo, actitudes provocadas por la inalcanzable lucha por la belleza, siempre acicateada por el ritmo infatigable, cambiante y efímero de la moda. Esta obsesión por la belleza puede tener complicaciones como anorexia, bulimia, o por el contrario, el sobrepeso.

¿SE PUEDE TENER SEXO DURANTE EL EMBARAZO?

Si, la mujer embarazada lo requiere, lo necesita y ayuda a tener un mejor parto. Lo importante es cuidar la postura, lo mejor es que la mujer esté encima del hombre, nunca recostada de lado derecho. También recostada sobre la cama, usando almohadillas, de preferencia, mostrando sus glúteos y genitales sin que su vientre se lastime. La penetración masculina puede ser profunda, eso ayuda al cérvix a relajarse y su vagina a dilatarse para prepararse al parto, eso puede ser en cualquier trimestre del embarazo.

Los orgasmos de la mujer embarazada y lactante son intensos y prolongados y ayuda a la producción de oxitocina, y muchos otros mediadores químicos relacionados a la pasión y al amor, lo cual facilita el apego a la pareja y al bebé.

No hay daño, y además ayuda a la autoestima de la mujer. Es recomendable.

Los pezones son muy sensibles, así que se tienen que tienen que acariciar con sumo cuidado al igual que los senos exuberantes. No se hace daño al bebé. ¡Háganlo! Es una delicia a sentir y gozar.

LA ATRACCIÓN SEXUAL

A lo largo de los años, la atracción sexual ha sido un asunto de vida o muerte para los organismos vivos obligados a reproducirse sexualmente. El atractivo es y ha sido una realidad biológica. Inferir la deseabilidad genética de una pareja potencial es algo de la mayor importancia para todos los seres con reproducción sexual. Ojos brillantes y pelo denso y sedoso en los mamíferos son indicativos de salud y en época del celo determinan entre otras cosas la fertilidad de una pareja potencial. Así, quienes han tenido la fortuna de ser considerados bellos por los miembros de su misma especie, han sido quienes han tenido mayor capacidad reproductiva y en consecuencia los que sobrevivieron.

A pesar que en el mundo se pregonan los valores como la igualdad, la belleza es un factor de discriminación social. Aunque no se reconoce, nos condiciona, nos marca, nos facilita o nos niega oportunidades. Aunque la belleza no es lo único que importa, es un privilegio que todos quisiéramos tener.

EL GRAN NEGOCIO DE LA BELLEZA

En las agencias de modelos más prestigiadas del mundo cada año se estudian los rostros de miles de niñas y adolescentes entre trece y diecinueve años de los cuales sólo cinco o seis serán seleccionados, algunos de ellos embellecerán las portadas de algunas revistas de moda. El premio es que una modelo gana desde un millar hasta cien mil dólares diarios, lo cual es poco comparado con las ganacias de quienes comercializaran su imagen. Así, la belleza es un gran negocio

La belleza está en los ojos de quién la mira, la reconocemos cuando la vemos. Los filósofos, en cambio, la conciben como una ecuación moral. Platón sostenía que lo que es bello es bueno y John Keats afirma que la belleza es verdad y, por lo tanto, que la verdad es belleza. Anatole France afirmaba que la belleza era más profunda que la verdad en sí misma.

Aunque hay cosas mucho más importantes que la belleza fisica en un ser humano, como la inteligencia, la nobleza, la creatividad, la capacidad de amar, no podemos negar la clara la influencia de la belleza en el entorno social y económico que nos envuelve.

ORÍGENES DE LA SENSIBILIDAD ESTÉTICA

Desde la época presocrática, la estética es base en la proporción y el número, es decir, en la simetría. Los elementos irreductibles son la claridad, la armonía y el color vivo. Platón decía que la belleza reside en la medida y el tamaño adecuados de las partes que encajan armoniosamente en un todo.

La belleza ha sido decisiva para nuestra adaptación biológica ya que sirve para asegurar la supervivencia de nuestros genes. Nuestra sensibilidad hacia ella está regida por circuitos cerebrales modelados por la selección natural. Nos gusta la piel suave, el pelo brillante, caderas amplias, senos grandes y abundantes y un cuerpo simétrico. Estas características han sido, en el transcurso de la evolución, señales claras para el éxito reproductivo.

Los magnates de la industria cosmética y la cirugía plástica han sabido aprovechar muy bien estos gustos ancestrales. Sin embargo es irónico que aun cuando nuestras preferencias sexuales se rigen por la supervivencia y nos sentimos atraídos por los cuerpos que parecen más aptos para la reproducción en la mayoría de sus encuentros sexuales, las personas evitan el embarazo.

La belleza no reside simplemente en el ojo del observador ni es producto de una tendencia comercial o cultural, sino que es una guía atávica, arraigada, universal y poderosa del comportamiento, a la par del hambre, el dolor o el sexo; se ha forjado a través de millones de años de evolución premiando a los más prolíficos, por lo general los que reunían los cánones de belleza de la época y eliminando a los demás.

En el mundo animal, el plumaje llamativo, los enormes adornos corporales aparecen con la madurez sexual, reservándose los colores más vistosos para el cortejo. Las orugas se transforman en mariposas y los pavos reales se convierten en una explosión de colores cuando llega el momento de la reproducción. Las flores son fascinantes, verdaderos paraísos para los insectos durante la polinización, objetos sexuales del mundo de las plantas. En la naturaleza, la belleza equivale a anunciar la reproducción sexual.

Así, las características de la belleza son exhibidas en múltiples formas, colores, olores y actitudes por las distintas especies. Los diseños biológicos son auténticos procesos creativos sometidos a selección natural que elige las formas mas exitosas, los colores vistosos de las aves; el tamaño, fuerza y melena del león; los regalos de algunos insectos y arácnidos a la hembra, los nidos llamativos se exhiben para atraer a las hembras. En la mayoría de las especies los machos son más bellos, ya que son las hembras las que escogen pareja y la seducción les corresponde a ellos. La belleza es, en realidad, el anzuelo de la naturaleza, la garantía de visibilidad para la siguiente generación.

LA SENSIBILIDAD ESTÉTICA ES INNATA

Los niños son capaces de discriminar y preferir lo bello por que nacemos con preferencias estéticas. Así, se han hecho experimentos en los que se muestran diversos rostros de hombres y mujeres a niños de varias edades y en los que se ha demostrado que los niños de entre tres y seis meses de edad ven mucho más tiempo a los sujetos más bellos. Esto no sólo demuestra que los niños pequeños poseen detectores de belleza, sino que los rostros humanos comparten rasgos de belleza universales dentro de su diversidad. La proporción y simetría del rostro es la norma. Esta prueba es importante, ya que por lo general un bebé de esa edad se rige única y exclusivamente por su instinto de sobrevivencia. Esto no sugiere que los niños con madres bellas tengan una predilección especial. Todos veían más tiempo las caras atractivas independientemente de que sus madres lo fueran o no, esto hace suponer que en forma innata buscamos el promedio, en concordancia con la biología evolutiva que sostiene que en cualquier población, las características extremas tienden a desaparecer a favor de los promedios, los cuales tienen más capacidad de sobrevivir, ya que el alejarse de la media puede significar desnutrición, enfermedad o genes defectuosos. En otras palabras, el gusto por la belleza obedece a motivaciones evolutivas que aseguran la sobrevivencia. La belleza, entonces, no es caprichosa, tiene un significado y es funcional. Así, el aspecto externo ha constituido una guía razonable y en ocasiones única de lo que es bueno y malo para nosotros: las manchas oscuras y la piel arrugada de la fruta nos desanima a comerla. El celebre dermatólogo mexicano Pablo Lata pi decía que la piel es "nuestra carta de presentación".

Los rasgos infantiles

Lo que nos inspiran los bebés es parecido al fenómeno de la belleza: cuando los vemos quedamos atrapados por su encanto y los cuidamos por encima de todos las cosas. Konrad Lorenz sugería que los rasgos infantiles desencadenan una oleada de emociones de ternura de origen atávico. Los niños vienen al mundo equipados con esos disparadores. Tienen la cabeza grande y las extremidades pequeñas y elásticas. Son tan indefensos por tantos años que nos deben convencer de cuidarlos, y lo logran siendo simplemente irresistibles. Seguramente Walt Disney conocía este secreto atávico al dibujar sus personajes con estas características.

La reacción hacia los rasgos infantiles es automática y sentimos ternura hacia cualquier ser que los imite. Algunas mujeres, como en su tiempo Marylin Monroe, saben muy bien que con alguna expresión infantil pueden seducir a un hombre. Ella alguna vez relató que desde los ocho años se percató de su poder sobre los hombres cuando al quedar atrapada en un árbol, cuatro niños la ayudaron a bajar; y es que para la mayoría de las personas no hay bebés feos. Sin embargo, existen ligeras diferencias en la actuación de las madres durante los primeros día de vida del recién nacido, y parte de su conducta es una reacción ante el aspecto del niño. Mediante grabaciones de video se descubrió que las madres de recién nacidos más bonitos pasaban más tiempo abrazándolos, mirándolos a los ojos y cantándoles. Les costaba trabajo separarse de ellos. En cambio, las madres de recién nacidos menos bonitos, con defectos, bajos de peso o enfermos, dedicaban más tiempo a atender sus necesidades que a mimarlos mostrando una actitud más reservada en su cariño. Es posible que ello corresponda a una tendencia ancestral de las madres de proteger principalmente a las crías más viables. De nuevo comparece aquí, al motor evolutivo de la sobrevivencia.

LA APARIENCIA

La belleza tiene una poderosa influencia en la vida cotidiana, ya que determina muchas nuestras percepciones, actitudes y conducta hacia los demás. Es una fuerza tan potente como la raza o el sexo, pero a diferencia del racismo o del sexismo, la presencia física funciona en gran medida en forma inconsciente. Desde la infancia hasta la edad adulta se trata mejor a las personas consideradas bellas, quienes encuentran compañeros sexuales más fácilmente y tienen más probabilidades incluso de encontrar clemencia ante los tribunales, obtener ayuda de los desconocidos o conseguir empleo. La belleza conlleva ventajas sociales y económicas y la fealdad en ocasiones puede desembocar, en desventajas sociales y discriminación. Sin embargo, ser bello no es garantía de alcanzar la felicidad.

La búsqueda de una mejor apariencia se refleja en el consumo de miles de millones de dólares en cosméticos, operaciones de cirugía plástica, gimnasios y ropa de marca. Una de las principales razones es la de sobrevivir en competido mercado de trabajo. Aunque la gente quisiera restar importancia al físico, cualquier ejecutivo comercial considera que la imagen y la presentación son tan importantes como el producto mismo, si no es que más.

Hoy en día "el habito si hace al monje" ya que la apariencia se juzga no solo como fuente de placer o vergüenza, sino como fuente de información de la persona. La razón es que la mente no distingue fácilmente lo superficial de lo sustancial. La gente espera que la belleza sea sinónimo de éxito social y confianza además de excitabilidad sexual, sensibilidad, experiencia y atrevimiento. Por ello sin mayor esfuerzo, las personas bellas tienen más oportunidades sexuales y desencadenan más fantasías en sus parejas.

La belleza representa una injusticia en cierta medida. Aunque decidimos que es superficial, la realidad es que la belleza discrimina. La chispa inicial entre la pareja sexual surge con frecuencia según el aspecto físico. Al menos al principio de una relación amorosa, probablemente no haya nada que tenga mayor importancia. Además cuanto mejor apariencia, más posibilidades de encontrar una pareja atractiva...

Por desgracia, la belleza física se acaba, el punto culminante se da en la juventud. La belleza extraordinaria no abunda, y casi siempre se encuentra en las personas antes de los treinta y cinco años de edad. Es por eso que en todas las culturas, la gente hará lo imposible, sin importar su economía o salud, por imitar o conseguir los atributos de la belleza y obtener, aunque sea parcialmente, su poder. Cirugía estética, modelación corporal, alhajas o en otras culturas anillos en el cuello, platos en los labios o perforaciones y pinturas en toda la piel. La belleza es una de las pocas experiencias de la vida que nos permite decir no a las censuras de la mente.

JUVENTUD Y BELLEZA

Siempre anhelamos la juventud no sólo de corazón y de mente, sino también de cuerpo. Por ello la cirugía plástica es algo cada vez más común, y busca realzar las características estáticas faciales y físicas. En el caso de la mujer se buscan ojos grandes, nariz pequeñas, labios carnosos, mandíbula estrecha y barbilla menuda, también cintura pequeña con glúteos y pechos acentuados, todo lo cual, combinado con la edad temprana, contribuyen a representar el punto máximo de fecundidad femenina, provocando el máximo deseo en los varones de su entorno.

En caso de los hombres son fecundos durante la mayor parte de la vida adulta, su grado de atractivo aunque baja después de los treinta años, permanece relativamente alto a medida que aumenta su edad aparente. No es raro que los hombres en su segundo matrimonio busquen mujeres de quince o hasta veinte años menores que ellos. Los sentimientos alrededor de la belleza están excepcionalmente bien sintonizados con la edad de máxima fecundidad en ambos sexos. Por lo general, el patrón del hombre que atrae a las mujeres es de ojos hundidos y pequeños, cejas pobladas, mandíbulas anchas y estatura elevada, cuerpo fuerte y musculoso.

Sin embargo los propósitos de una mujer en la búsqueda de pareja son más complejos que procrear niños con mandíbulas fuertes. El hombre instintivamente busca copular con tantas mujeres como sea posible. En cambio, la mujer piensa en las consecuencias a largo plazo, ya que en buena medida la selección de pareja se relaciona con la seguridad de encontrar ayuda para criar al bebé. El hipermacho, entonces, es a veces visto como agresivo, indiferente, duro y mal candidato para ser padre, y es ahí donde un tipo feo o poco atractivo pero con la posibilidad de proveer alimento y cobijo, puede ganar terreno. Por ello la mujer instintivamente busca al hombre con recursos, estatus o dinero.

Las preferencias femeninas consisten en escoger en primera inastancia al más atractivo y mejor pagado, pero después elegirán a aquellos, de físico promedio o hasta chaparros o feos, como cualquier profesionista exitoso e inteligente que por sus recursos sea considerado un buen partido, aún por encima de aquellos muy atractivos pero sin posibilidades económicas.

Los gimnasios se llenan, pero la gente difícilmente cambia. Los flacos y los gordos son percibidos como inadecuados, lo cual les genera angustia, dolor emocional, frustración y consumismo, actitudes provocadas por la inalcanzable lucha por la belleza, siempre acicateada por el ritmo infatigable, cambiante y efímero de la moda. Esta obsesión por la belleza puede tener complicaciones como anorexia, bulimia, o por el contrario, el sobrepeso.

La belleza interior

Afortunadamente para algunos la belleza física no es la única manera de conseguir pareja sexual. En la seducción humana interviene un metalenguaje corporal de invitaciones y rechazos. Las miradas, gestos, movimientos, voz, olores (feromonas), palabras, ideas y poesía también cuentan. El erotismo hace que la belleza sea carne e imaginación que empapamos con nuestros sueños y saturamos de anhelos. Pero la belleza sería solo evasión de la realidad al negar la existencia de un mundo imperfecto, al menos físicamente. Por ello es tan importante la búsqueda de la belleza interior.

La novelista inglesa George Eliot era una mujer físicamente muy fea, por lo que sufrió mucho en su juventud. Sin embargo, cuando tenía cincuenta años, su personalidad magnética y apasionada inspiró a Henry James a escribir en una carta en donde le contaba a su padre: "Ella es magníficamente fea, deliciosamente espantosa. Tiene la frente estrecha, ojos de un gris apagado, una enorme nariz de péndulo, una boca gigantesca con los dientes disparejos, una barbilla y una mandíbula "q´ en finiese paz" (que nunca termina)... pero en esta inmensa fealdad habita una gran belleza que nos hechiza, entonces usted termina como yo, enamorándose de ella".

La misma Eliot expresó; "¡Honor y reverencia a la divina belleza de la forma! Cultivémosla al máximo en hombres, mujeres y niños, en nuestros jardines y en nuestras casas. Pero amemos también esa otra belleza que no reside en el secreto de las proporciones, sino en el secreto de la profunda comprensión humana...."

En el muro del silencio
Tu boca y la mía
Se entrelazan
Como muslos juguetones
Que buscan lecho
Bajo el abrigo de la noche
En el cristal de la luna.

Roberto Mendoza Zepeda